***ACCESO GRATIS** a la Lectura en la Nube*

Para visualizar el libro electrónico en la nube de lectura envíe junto a su nombre y apellidos una fotografía del código de barras situado en la contraportada del libro y otra del ticket de compra a la dirección:

ebooktirant@tirant.com

En un máximo de 72 horas laborales le enviaremos el código de acceso con sus instrucciones.

La visualización del libro en **NUBE DE LECTURA** excluye los usos bibliotecarios y públicos que puedan poner el archivo electrónico a disposición de una comunidad de lectores. Se permite tan solo un uso individual y privado

BREVIARIO DE PROTECCIÓN JURÍDICA EN EL COMERCIO INTERNACIONAL

Procedimiento de selección de originales, ver página web:
www.tirant.net/index.php/editorial/procedimiento-de-seleccion-de-originales

UAG-FOLIA

Universidad Autónoma de Guadalajara – Editorial Folia

© TIRANT LO BLANCH
EDITA: TIRANT LO BLANCH
Av. Tamaulipas 150, Oficina 502
Hipódromo, Cuauhtémoc,
CP 06100, Ciudad de México
Telf: +52 1 55 65502317
infomex@tirant.com
www.tirant.com/mex/
ISBN: 978-84-1056-106-9
ISBN FOLIA: 978-607-719-044-8
Edición y corrección de estilo: Guadalupe Meza Servín y Dalia Zúñiga Berumen

Primera edición, junio de 2024
Av. Patria 1201, col. Lomas del Valle
C.P. 45129, Zapopan, Jalisco.
Tel. 33 3648 8824 ext. 32268
folia.uag.mx

BREVIARIO DE PROTECCIÓN JURÍDICA EN EL COMERCIO INTERNACIONAL

GUILLERMO CAMBERO QUEZADA

tirant lo blanch
Ciudad de México, 2024

Índice

Índice analítico

Glosario de siglas

AAM	Acuerdos Ambientales Multilaterales
AP	Alianza del Pacífico
APP	Asociaciones público-privadas
CCI	Cámara de Comercio Internacional
CIADI	Centro Internacional de Arreglo de Diferencias Relativas a Inversiones
UNCITRAL	Comisión de las Naciones Unidas para el Derecho Mercantil Internacional
CNUCED	Conferencia de las Naciones Unidas sobre Comercio y Desarrollo
CIA	Corte Internacional de Arbitraje
EU	Estados Unidos
FCA	Franco Transportista
IMPI	Instituto Mexicano de la Propiedad Industrial en México
INM	Instituto Nacional de Migración
IED	Inversión Extranjera Directa
NMF	Nación más Favorecida
OAPI	Organización Africana de la Propiedad Intelectual
ONU	Organización de las Naciones Unidas
OIT	Organización Internacional del Trabajo
OCDE	Organización para la Cooperación y el Desarrollo Económicos
OMPI	Organización Mundial de Propiedad Intelectual

OMC	Organización Mundial del Comercio
PYMES	Pequeñas y medianas empresas
PIB	Producto Interno Bruto
RFC	Registro Federal de Contribuyentes
RNIE	Registro Nacional de Inversiones Extranjeras
SCIE	Solución de Controversias Inversionista-Estado
TIC	Tecnologías de Información y Comunicación
TLCAN	Tratado de Libre Comercio con América del Norte
TLCUEM	Tratado de Libre Comercio de México con la Unión Europea
T-MEC	Tratado de México, Canadá y Estados Unidos
TIPAT	Tratado Integral y Progresista de Asociación Transpacífico
UE	Unión Europea

Introducción

En el contexto actual, la internacionalización de las actividades económicas se ha vuelto necesaria y al mismo tiempo compleja. El fenómeno de la globalización ha impulsado, desde finales del siglo pasado, a que las empresas nacionales busquen oportunidades de negocio más allá de sus fronteras, gracias a las facilidades que proporcionan los mercados de otros países. Además, el uso masivo de los medios electrónicos ha propiciado que las sociedades mercantiles de prácticamente todo el mundo, sus productos y servicios sean conocidos fácil y rápidamente, incluso en puntos distantes del planeta. La expansión de ferias comerciales internacionales, la democratización del uso del avión y la rapidez de comunicación gracias al uso de las tecnologías genera encuentros frecuentes y cordiales entre diversos actores de la economía mundial. Igualmente, la estandarización en los procesos de producción y las inversiones extranjeras permiten la consolidación de empresas nacionales lo suficientemente competitivas como para participar del comercio global.

Entre diversos países existen los convenios necesarios para que la apertura comercial pueda establecerse en un marco amigable y de relaciones fructíferas, con el objetivo de minimizar los problemas que enfrenta la búsqueda y el posicionamiento en los mercados internacionales. En este panorama, las grandes sociedades mercantiles cuentan con los recursos para evitar conflictos y, en caso de que se presenten, buscar una posible solución rápida. Sin embargo, para las micro, pequeñas y medianas empresas, debido a su organización y recursos limitados, es común que se enfrenten a la internacionalización sin tener la preparación adecuada para ello y pasando por alto los mecanismos de protección jurídica necesarios en las transacciones comerciales de intercambio de mercancías, así como del movimiento de personas provenientes de países diferentes a México y el capital extranjero. Por lo general, no se tiene en dichas empresas la información suficiente, ni el personal capacitado en temas de blindaje jurídico internacional. Lo anterior se traduce en pérdida de tiempo y dinero para la sociedad mercantil mexicana.

Ante las pocas obras que tratan de forma general los aspectos jurídicos relevantes del derecho internacional de la empresa, el presente libro tiene por objetivo proporcionar un panorama general de los temas jurídicos de protección internacional, los cuales comprenden las medidas necesarias para prevenir conflictos internacionales y, en caso de que estos se presenten, tener una idea clara de cómo resolverlos. Además, se proporciona un panorama general de otros tratados internacionales diferentes al Tratado entre México, Estados Unidos y Canadá, así como el entendimiento del funcionamiento de la inversión extranjera en el país y la contratación de personal extranjero en la empresa mexicana.

Este material va dirigido, sobre todo, al lector universitario, en particular a los dedicados al estudio del comercio y negocios internacionales, derecho internacional y, en general, a los procesos de internacionalización, así como al profesionista que se inicia en el andamiaje de las relaciones económicas internacionales y requiere entender mejor las medidas necesarias para proteger a la empresa de los "caprichos" a los que se someten las transacciones comerciales internacionales y las aperturas de los mercados.

Al ser un libro que presenta aspectos relevantes de la actualidad internacional, puede ser fácilmente leído en diversos ámbitos, por lo que se ha procurado que la redacción sea de una lectura sencilla, bajo la lógica de un libro de consulta que permita orientar a las empresas exportadoras, operadores del comercio internacional y al público en general, encaminado a una comprensión de los diversos temas que integran las siguientes secciones: la primera parte tiene por objetivo la protección internacional en el comercio global, a través de siete capítulos se analiza a profundidad el contrato internacional de mercaderías, sus características generales y el estudio de las cláusulas clave para una protección efectiva; el uso de los Incoterms en el contexto de la contratación internacional; los mecanismos para resolver conflictos en caso de no haber sido evitados mediante la contratación, la protección jurídica internacional mediante la contratación electrónica; las formas de pago; la protección de la marca de una sociedad mercantil en el contexto internacional y el uso de herramientas electrónicas, así como su análisis jurídico para enfrentar el comercio con mayor seguridad. Una segunda parte está dedicada a los mecanismos jurídicos de internacionalización, con la finalidad de usar los diversos instrumentos internacionales firmados por México, como el Tratado de Libre Comercio México, Estados Unidos y Canadá, el Tratado de Libre Comercio con la Unión Europea, el Tratado Integral y Progresista de Asociación Transpacífico y el Tratado de la Alianza del Pacífico, con el objetivo de conocer los mismos y lograr una diversificación de mercados, así como los conceptos básicos de la Inversión Extranjera Directa y la contratación de extranjeros en México. Al final de la obra se anexa un índice analítico para facilitar la búsqueda de conceptos clave dentro del desarrollo del presente trabajo.

PARTE I: PROTECCIÓN INTERNACIONAL EN EL COMERCIO GLOBAL

1. El contrato en la compraventa internacional

El contrato internacional es "el mecanismo idóneo para establecer las bases de una negociación internacional exitosa, en la cual se incluyen actores de diferentes países. Sin embargo, en México es escasa la literatura que se encuentra al respecto de tan importante institución jurídica internacional"[1]. En la práctica, la mayoría de las ocasiones se pasa por alto el uso y la utilidad de la redacción de un contrato internacional o se deja al arbitrio de la parte con mayor poder de negociación, la cual termina imponiendo sus condiciones que, comúnmente, contienen cláusulas abusivas o excesivas. En el presente capítulo se analiza la importancia de realizar un contrato en las transacciones cotidianas de comercio exterior, sus elementos, así como otros recursos complementarios que fortalecen el entendimiento y la aplicación del propio contrato internacional, tratando de mantener "un equilibrio armónico entre las diferentes partes que intervienen en el mismo"[2].

Los contratos forman parte de la vida cotidiana, particularmente de las relaciones sociales, pero muy probablemente no se tiene una noción de la cantidad de contratos que se realizan cada día y su implicación en la regulación de las diferentes actividades económicas de las empresas[3]. Por consiguiente, un contrato se explica como: "un acuerdo, un pacto o un convenio que

---

1 Cambero Quezada, G. "La importancia de la contratación en la compraventa internacional". *Revista Perspectiva Jurídica.* 2 de agosto de 2014. Universidad Panamericana, Facultad de Derecho. pp. 13-22.

2 *Ibidem*, p. 15.

3 Ver en particular sobre los contratos en general a Figueroa, L. M. (2007). *Contratos Civiles.* Editorial Porrúa.

define una relación entre una o más personas, ya sean físicas o morales"[4]. Por su parte, un contrato comercial, en términos simples, "es un acuerdo que celebran dos o más partes con el propósito de llevar a cabo un negocio"[5].

En derecho mexicano, el contrato puede ser verbal o escrito. Cuando el contrato se establece por escrito, los términos se registran en un simple memorándum, oficio o recibo. Así, cuando en una relación contractual con una empresa de México se establecen intereses potencialmente adversos, "los términos del contrato se ven complementados o restringidos por las leyes, las cuales sirven para proteger a las partes y definir relaciones específicas entre ellas, en caso de que las disposiciones sean imprecisas, ambiguas o incluso inexistentes"[6]. Sin embargo, las relaciones a nivel internacional son cada vez más numerosas y complejas, y el número de países y sus operadores comerciales que se relacionan entre ellos aumenta día a día. Cuando una parte llega a la negociación de un contrato comercial con otra parte, que se encuentra lejana y en una ubicación desconocida, esto es, en otro país, el contrato establecerá las bases de la interacción entre el vendedor y el comprador, convirtiéndose en una herramienta indispensable para el éxito de la transacción comercial internacional. Cabe aclarar que este tipo de contratos se asocia a un número creciente de problemas respecto a la aplicación de una ley u otra en el momento de incumplimiento de una de las partes o al desacuerdo o inconformidad sobre cualquier aspecto de las cláusulas del contrato, ya que, en la mayoría de las ocasiones, las partes no han especificado previamente la ley que regía dicho

---

4 Álvarez Didyme-dòme, M. J. (1995). *Contratos mercantiles.* Universidad de Ibagué. p.18.

5 Ver Treviño García, R. (1995). *Los Contratos Civiles y sus generalidades.* McGraw-Hill. p. 21.

6 Cambero Quezada, G. *op. cit.* p. 16.

contrato o cómo solucionar los problemas[7]. Es importante señalar que la contratación internacional

> surge como consecuencia de la necesidad de internacionalización del derecho mercantil. En el derecho mercantil internacional, al igual que ocurre en el derecho nacional, la primera fuente de obligaciones entre las partes es el mutuo acuerdo al que éstas lleguen (el contrato es la ley que rige, por encima de todo, los derechos y deberes de las partes contratantes)[8].

Pero la creación de un contrato internacional es "un proceso más complejo que la celebración de un contrato entre partes del mismo país y la misma cultura, sometidos a las mismas leyes"[9]. En una transacción más allá de las fronteras, por lo general, las partes no se reúnen frente a frente, o en caso de reunirse, tienen valores y prácticas comerciales diferentes, y las leyes a las cuales se ven sometidas son impuestas por gobiernos diferentes, y con sistemas legales que en muchas de las ocasiones no tienen similitud alguna. Estos factores fácilmente dan lugar a malentendidos, porque se reduce el grado de certidumbre respecto al resultado del negocio, que suele ser muy bajo, en especial, cuando se relaciona con una sociedad mercantil de otro país por primera vez y la incertidumbre es mayor cuando es la primera transacción internacional para ambas sociedades comerciales[10].

Actualmente, la gran parte de las transferencias internacionales de mercaderías provenientes de una compraventa internacional se celebran sin un contrato que estipule las obligaciones de las partes, por lo que existe poca regulación. Sin embargo, es muy

---

7 *Ibidem*, p. 17.

8 *Guía para la preparación de Profesionales en Comercio exterior y Operaciones Internacionales*. IC Editorial. (2014).

9 Al respecto ver Blanco, D. (2002). *Négocier et rédiger un contrat international.* Éditorial Dunod.

10 *Cf.* Bessonet, A. (2008). *Contrats internationaux, Guide pratique pour négocier et rédiger un accord, pour prévenir et résoudre les litiges.* Éditorial Pearson.

recomendable que el contrato se redacte, ya que puede ser una herramienta indispensable para la interpretación y conducción del negocio y establecer una prevención adecuada para la resolución de litigios entre las partes en caso de existir una controversia. De acuerdo con los resultados del estudio *Cómo exportar a los mercados estrella de Latinoamérica*, se establece que en la práctica, en México, solamente 5 por ciento de las sociedades mercantiles que realizan alguna transacción internacional la formaliza por medio de un contrato internacional[11], mientras que 28 por ciento no somete sus contratos a una legislación particular[12] y, por lo general, los Incoterms (Términos de Comercio Internacional, por sus siglas en inglés) se encuentran mal planteados en la negociación[13] o en el contrato.

Por todos estos motivos, se definen y estudian a profundidad los contratos internacionales y con la finalidad de determinar la aplicación del derecho internacional comercial y el uso correcto de los Incoterms, lo cual permitirá encarar las relaciones económicas internacionales de manera más segura y eficaz.

1.1. Aspectos generales de los contratos internacionales

En México, como en la mayoría de los países con prácticas comerciales internacionales, las sociedades mercantiles suelen formalizar sus negociaciones a través de una factura proforma (expresión latina que significa "según la forma"), la cual representa una proposición de oferta con las cantidades y precios predefinidos y las condiciones de venta que, en caso de que el destinatario no esté de acuerdo, pueden ser modificadas o simplemente rechazadas. Si

---

11 *Cómo exportar a los mercados estrella de Latinoamérica* (2013). Consultado el 19/02/2018 en: https://www.gob.mx/cms/uploads/attachment/file/54284/ComoExportarMercadosEstrellaLatinoamericaVersionRGX.pdf

12 *Ibidem.*

13 *Ibid.*

la proposición conviene al cliente, puede confirmarla enviándola a su vendedor. Sin embargo, la factura proforma carece de elementos jurídicos de protección en caso de un litigio. Esta factura puede enviarse vía correo electrónico, dejando de lado el uso de los contratos internacionales, ya que estos representan cierta formalidad que la mayoría de los operadores internacionales no quieren encarar, teniendo como consecuencia una protección jurídica limitada en caso de un problema o litigio comercial. Por tal motivo es necesario primero examinar la definición y los elementos del contrato internacional.

1.1.1. La protección de las transacciones internacionales

En el comercio internacional es frecuente que las partes presupongan que pueden operar de acuerdo con las leyes y prácticas del país al cual pertenecen. Esta suposición puede causar graves errores en la transacción comercial internacional. Cuando se entablan relaciones comerciales entre empresas de diversos países, no sólo se está sujeto a las leyes del país de origen, sino también a las leyes de aquellos países de la otra empresa o estructura comercial con la cual se está negociando. No es necesario entrar físicamente en otro país para ser sujeto a sus leyes: la simple venta de bienes por correo postal o por medio de plataformas digitales vía exportación e importación basta para establecer un vínculo que nos incorpora a sus normas locales y, en su caso, a la jurisdicción de los tribunales de otro país. De ahí la importancia de establecer "las reglas del juego" con precisión desde el inicio de las negociaciones, por medio de un contrato internacional, es decir "un acuerdo de voluntades, mediante el cual surgen derechos y obligaciones para ambas partes"[14]. Por su parte, la legislación mexicana, particularmente el Código Civil Federal en su artículo 1792, define al contrato como:

---

[14] Baudrit Carrillo, D. (2000). *Derecho Civil. Teoría General del Contrato.* IV (I). Juricentro.

"el acuerdo de dos o más personas para crear, transferir, modificar o extinguir obligaciones".

Si nos referimos a un contrato internacional, se identifica un elemento de "exterioridad", que indica que hay dos puntos de contacto por lo menos con dos Estados diferentes. El contrato interno o mexicano no tiene elemento alguno de exterioridad. En consecuencia, la contratación internacional es el medio idóneo para perfeccionar las relaciones comerciales de intercambio de bienes y servicios cuyo ámbito va más allá de la legislación de un Estado[15], de suerte que sea posible inferir que los diferentes elementos que intervienen en las relaciones comerciales (sujetos, objeto, precio, forma y lugar de celebración del contrato, forma de pago, divisa, etcétera) conservan vínculos con diversas nacionalidades y sus respectivas leyes. La diferencia entre una compraventa nacional y una internacional reside en que se relacionan países con leyes y monedas distintas.

Cuando las partes involucradas en un negocio son de países diferentes, resulta difícil detectar sus intenciones, debido a que emanan de sistemas legales y prácticas comerciales singulares entre sí, por tal razón es esencial el uso de un contrato internacional, donde se especifiquen en términos precisos los derechos y las obligaciones de cada parte, esto nos permitirá evitar un resultado desfavorable e incierto[16]. Así pues, en las negociaciones internacionales[17] se recomienda tratar siempre de conseguir el

---

15 Ver en particular a Adame Goddard, J. (1994). *El contrato de compraventa internacional.* UNAM-McGraw-Hill.

16 Al respecto ver Bessonet, A. *op. cit.* p. 26.

17 "La celebración del contrato de compraventa internacional no es más que la culminación de una serie de etapas que se traducen en encuentros, comunicaciones, intercambio de opiniones, propuestas y contrapropuestas que conforman la fase previa a la celebración del contrato y que se conoce y maneja con el término de negociación". *Cf.* Lazcano Seres, G. (2008). "El Contrato de Compraventa en el Contexto de los Negocios Internacionales" en *Temas Selectos de Comercio Internacional.* Editorial Porrúa. pp. 155-184.

documento idóneo para proteger la compraventa (un contrato escrito, redactado con toda precisión y documentos relativos a la transacción como pagos, facturas, etcétera), esto impide una pérdida de dinero en caso de error, descuido o malentendido por la otra parte perteneciente a un país diferente. En México, existe la obligación legal de contar con un contrato internacional, el cual se establece en el artículo 59 fracción III de la Ley Aduanera:

> Quienes importen mercancías deberán cumplir, sin perjuicio de las demás obligaciones previstas por esta Ley, con las siguientes [...]:
>
> III. Entregar al agente aduanal que promueva el despacho de las mercancías, una manifestación por escrito y bajo protesta de decir verdad con los elementos que en los términos de esta Ley permitan determinar el valor en aduana de las mercancías. El importador deberá conservar copia de dicha manifestación y obtener la información, documentación y otros medios de prueba necesarios para comprobar que el valor declarado ha sido determinado de conformidad con las disposiciones aplicables de esta Ley y proporcionarlos a las autoridades aduaneras, cuando éstas lo requieran.

Además, el artículo 81 fracción VIII del Reglamento de la Ley Aduanera establece la obligación de contar con un contrato internacional:

> Para efectos de lo dispuesto en el artículo 59, fracción III, primer párrafo de la Ley, los elementos que el importador deberá proporcionar anexo a la manifestación de valor son los siguientes documentos [...]:
>
> VII. Contratos relacionados con la transacción de la Mercancía objeto de la operación.

Aunque el contrato internacional no es un documento que pueda aportar la certidumbre total que el negocio necesita para tener éxito, sí proporciona a las partes implicadas la confianza de que, si surge algún problema o contratiempo, cada uno tendrá definida de manera clara la responsabilidad, respecto a la mercancía, el transporte y el pago. Además, opera como una herramienta para disuadir alguna ventaja por una de las partes en la relación comercial.

Los contratos que tienen una buena redacción permiten que las partes, a pesar de tener antecedentes culturales diferentes, lleguen a una comprensión en común. Los términos del contrato deben ser lo suficientemente explícitos como para que ambas partes comprendan lo que están obligadas a hacer y lo que tienen derecho a recibir[18]. Así, en caso de un incumplimiento, son mayores las probabilidades de que un árbitro o tribunal obligue a las partes a cumplir lo acordado (a menos que las disposiciones o sus pretensiones sean desmedidas).

1.1.2. Características de los contratos internacionales

Existen diferentes tipos de contratos internacionales, entre los más habituales se encuentran el de compraventa, el de distribución y el de representación. Para fines del presente capítulo se utiliza como ejemplo el contrato de compraventa, ya que es el más utilizado y respaldado en las prácticas del comercio internacional. En cuanto a la redacción, un contrato internacional "debe contener disposiciones que reflejen la cultura de la parte extranjera, pero al mismo tiempo deben tomar en cuenta los propios requerimientos de la parte nacional" [19]. Se debe analizar, también, una de las cláusulas de mayor importancia dentro de la contratación, que es la de resolución de conflictos, así como las ventajas que ofrece el arbitraje frente a un tribunal nacional para la interpretación del contrato y solución de controversias.

---

[18] Para profundizar sobre el tema ver Shippey, K. C. (2003). *Guía práctica de Contratos Internacionales.* Editorial Grupo Patria Cultural.

[19] *Cf.* Medina de Lemus, M., (1998). *Contratos de Comercio Exterior.* Dykinson, Lupicinio Eversheds.

1.1.2.1. Disposiciones generales en la redacción del contrato

Se sugiere que las disposiciones en el contrato sean sencillas y fáciles de entender, que no contengan frases taquigráficas, legales, ni jerga que únicamente le sea familiar a una de las partes. Deben redactarse en términos simples que puedan garantizar que los implicados las entiendan de semejante forma, en especial si el contrato se traduce a otro idioma.

Aunque el contrato es un acuerdo de voluntades, se debe verificar que cumpla con contenidos usuales y propios a la redacción de éste; es necesario que se adapte a las usanzas de los negocios internacionales y a las políticas de operación de los contratantes[20]. Dentro de las cláusulas del contrato, primero deben identificarse cada una de las partes mediante nombre, dirección y contacto (correo electrónico y teléfono). Es obligatorio comprobar que los poderes legales han sido otorgados a la persona que se presume como representante legal de la sociedad mercantil, comprobando que sean suficientes y que estén vigentes (se recomienda incorporar al documento copia del poder legal de cada parte que se obliga en el contrato y si ello no fuere posible, conviene adicionar la siguiente cláusula: “ambas partes se reconocen recíprocamente la capacidad para otorgar el presente contrato”), ya que, por lo general, el documento lo firma el encargado de compras o ventas internacionales y no la persona que tiene la debida representación legal. Esto con la finalidad de tener certeza de que la persona con la que se contrata es responsable en caso de litigio y no el encargado del área internacional o ventas. Esta capacidad de obrar para contratar es muy importante, pues no sólo es necesario tener la mayoría de edad, sino también gozar del pleno ejercicio de los derechos cívicos. En casi todos los casos, el nombre del representante legal se encuentra en el acta constitutiva o registro de empresa ante las autoridades locales.

---

20 Para ver el tema en profundidad referirse a la obra de Blanco, D. (2002). *Négocier et rédiger un contrat international.* Editorial Dunod.

> Convendrá incluirse en el contrato el nombre de la persona signataria, con el objetivo de evitar confusiones a futuro. Además, es preciso especificar la fecha y el lugar de celebración del contrato (no sólo la ciudad, sino también la provincia o estado y el país), el lugar del cumplimiento de las obligaciones y a partir de qué fecha entrarán en vigor[21].

Además, es sustancial precisar el objeto del contrato, el cual debe ser lícito, es decir, no se debe redactar en términos de que sea contrario al orden público, a la moral y a las buenas costumbres. Por ejemplo, un contrato que verse sobre una compraventa de armas con destino a un país donde su uso es restringido por el Estado, no tendrá efecto y se declarará como nulo. En los contratos se deben incluir, según el caso, los siguientes rubros (lo cual se puede realizar mediante un anexo o dentro del mismo contrato): calidades, cantidades y rendimientos, copia de los planos y especificaciones técnicas en caso de que el producto así lo requiera, fin de la mercancía, pruebas de calidad o detalle del tipo de embalaje. Cuanto más precisos sean los detalles, menos errores o confusiones podrán surgir.

Además, es importante tener en cuenta el precio exacto de la mercancía e indicar si los aranceles van incluidos o si se trata de un precio puesto en fábrica de origen, puerto o aeropuerto, así como la divisa, que puede ser pactada en cualquier moneda que acuerden las partes y la que mejor convenga para pago. Al respecto, la práctica comercial en México es pagar en dólares, debido a la proximidad geográfica de Estados Unidos, pero cada vez se utilizan con más frecuencia el euro u otras monedas para realizar transacciones. En el contrato se deben dejar clarificados los plazos y medios de pago, es decir, pago por adelantado, adelanto del 50 por ciento y el otro 50 por ciento al recibir la mercancía el comprador, o a 60, 90 e inclusive 180 días, por medio de una trasferencia bancaria o con una carta de crédito

---

21 *Cfr.* Cambero Quezada, G. *op. cit.* p.21.

internacional o en efectivo (también se tolera esta práctica en algunos países) y, en su caso, una posible revisión de los costos de la mercancía. En este punto en particular es conveniente cuidar la correcta observancia de las obligaciones de los medios de pago, puesto que la gran parte de los problemas en las transacciones internacionales se derivan de la falta de claridad en las condiciones de pago de las mercancías.

Como método de pago se recomienda el uso del crédito documentario o carta de crédito internacional, debido a la seguridad que proporciona a las partes, así como su prontitud financiera, ya que acoge variedades muy distintas y permite a las dos partes tener mayor claridad y certeza. No obstante, se le ha reprochado su rigidez documental, su lentitud de tramitación y su elevado costo, que varía dependiendo del banco y del riesgo del país, ya que no es lo mismo un crédito documentario para una empresa instalada en Francia o Inglaterra que para otra instalada en Irán o en Irak. El crédito documentario consiste en:

> Un convenio mediante el cual el banco con el que opera el comprador (denominado banco emisor), a petición y en convenio con las instrucciones de dicho comprador de bienes (denominado ordenante del crédito), toma el compromiso, previa recepción de una serie de documentos, de realizar un pago al vendedor de dichos bienes o a un tercero que este designe, o bien reconocer o negociar las letras o autorizar que tales pagos sean realizados o que los giros sean pagados, aceptados o negociados por otro banco corresponsal (denominado banco intermediario)[22].

---

22 Cuatrecasas, Gonçalves Pereira. *Medios de pago Internacionales.* ICEX. España Exportación e Inversiones, Consultado el 25/02/2019. Disponible en: https://www.icex.es/icex/GetDocumento?dDocName=4518415&urlNoAcceso=/icex/es/registro/iniciar-sesion/index.html?urlDestino=https://www.icex.es:443/icex/es/navegacion-principal/todos-nuestros-servicios/informacion-de-mercados/estudios-de-mercados-y-otros-documentos-de-comercio-exterior/4518415.html&site=icexES

Para redactar un contrato internacional es importante establecer los plazos, la modalidad del transporte y las condiciones de entrega, en este sentido los Incoterms (*International Commercial Terms*) son de mucha utilidad. Se les conoce como:

> El conjunto de términos comerciales utilizados por compradores y vendedores de diferentes países para llevar a cabo cualquier transacción comercial internacional, independiente del producto, del destino, del medio de transporte o del seguro que se escoja[23].

Se recomienda agregar una cláusula de los casos de fuerza mayor, lo cual permite deslindar de responsabilidades a una o las dos partes y dicha redacción se debe hacer con cuidado, ya que de un Estado a otro puede variar su significado. Por ejemplo, en algunos países una inundación o un terremoto no se considera fuerza mayor por la frecuencia con la que ocurren. Las cláusulas respecto a las garantías también deben ser definidas, así como las modalidades de protección a cada parte: un ejemplo es la garantía contra los vicios ocultos o mercancía no conforme, para cumplirla corresponde redactar las modalidades de reparación, indemnización y/o reemplazo de mercancía. Normalmente se establece una cláusula penal en contra de los vicios y se puede estipular en el contrato, mediante la cual se acuerda, de forma anticipada, el pago de una indemnización en el caso de que alguna de las partes infrinja o incumpla el contrato.

Otro punto importante en el contrato es el idioma[24], ya que cotidianamente ha sido una limitación y en muchas ocasiones es el origen de confusiones o malentendidos en las relaciones comerciales internacionales, particularmente en la compraventa por las diferencias de conceptos comerciales. En cuanto al o los

---

23 Cambero Quezada, G. *op. cit.* p. 18.

24 Ver ¿Qué idioma manda en mi contrato? (s.f.). Backtoback international consulting legal & business. Recuperado el 29/05/2018, de: http://backtobacklegal.wordpress.com/2012/06/04/que-idioma-manda-en-mi-contrato/

idiomas que se utilizarán en la negociación, redacción y celebración del contrato, éste o estos se definirán bajo el principio de autonomía contractual, es decir, el que las partes elijan. La connotación que un término o expresión puede tener, al momento de la traducción, un significado distinto a la acepción que se tiene en México.

Al respecto se sugiere que, si la contraparte se encuentra con domicilio en otro país, es conveniente que los trabajos previos a la transacción, la elaboración del texto y el pacto del contrato se realicen en un sólo idioma, ya sea en el idioma local del país o el que se hable en el país donde se encuentra establecida la empresa, siempre y cuando se entienda por las dos partes; no es obligatorio que se use el inglés. En caso de no ser posible, se hace uso de la doble columna: el idioma de una parte se redacta en la columna izquierda y el idioma de la otra parte en la columna derecha. Se debe llevar a cabo con extremada precaución y bajo la supervisión de un perito traductor experto en temas comerciales, que confirme que lo escrito en ambos idiomas corresponda al sentido original de la parte interesada. Esto no implica que exista algún obstáculo legal o convencional para que un contrato internacional se pueda negociar y redactar en los dos idiomas de las partes que contratan. Sin embargo, la compraventa en el ámbito internacional difiere en sus características del nivel nacional, por lo que, en este caso, detallar dos textos en idioma diferente y relativos a un mismo contrato podría confundir a las partes en el entendimiento y el cierre de la negociación, pero, sobre todo, en los efectos que se desea que se deriven de él.

Lo deseable es que el contrato internacional se transcriba y celebre exclusivamente en un idioma, ya sea el del exportador, el del importador o una tercera lengua que ambos entiendan. Por ejemplo, en una negociación con partes que hablan el español y el árabe, se puede realizar todo lo vinculado con esa relación comercial en inglés. En caso de no ser posible el uso de un idioma único, es útil añadir al contrato una cláusula que indique que se proporcionará preferencia a la interpretación de uno de los dos idiomas, por lo general es el idioma de la parte que ejerce mayor poder de negociación en la contratación. Por último, hay que determinar la ley aplicable en casos de conflictos y someter la solución a un tribunal concreto o, si así se decide, a un arbitraje. En la práctica, se debe primero encontrar una solución "amigable o amistosa" al conflicto, por ejemplo, mediante el envío de una carta de reclamación con acuse de recepción. Después, si el contrato prevé soluciones concernientes al litigio en causa (reemplazo de mercancías, pago de daños y perjuicios, intereses, etcétera); se deben aplicar dichas disposiciones contractuales. En caso de fracasar las soluciones amistosas o contractuales, una parte puede recurrir a una solución judicial del contrato.

1.1.2.2. Cláusula de solución de conflictos

Uno de los grandes problemas de la contratación internacional es la cláusula de solución de conflictos. Ya que, como una de las partes se encuentra en otro país, difícilmente se someterá a los tribunales nacionales de la otra parte involucrada. Para equilibrar la negociación se recomienda la redacción de una cláusula de solución de conflictos o controversias. Dicha cláusula puede ser redactada en términos de que un juez nacional, puede ser del país de una de las partes o un país neutro, decida sobre la solución del conflicto de intereses derivado del contrato internacional o que un árbitro internacional intervenga en la solución del conflicto.

En caso de someter el conflicto a un tribunal nacional de una de las partes, la otra posiblemente lo percibiría como un entorno de desventaja al no tener el mismo conocimiento y experiencia que la primera, por lejanía física del Tribunal, por hablar posiblemente otro idioma, tener que contratar un abogado local, sobreprecio de los gastos, etcétera. El sometimiento a una jurisdicción nacional no es una opción para ambas partes del contrato, por ello se han establecido nuevas formas de solucionar los conflictos, como lo es el arbitraje comercial internacional.

> El árbitro ofrecerá, en la gran mayoría de los casos, una solución rápida, técnica y confidencial. La relación con las partes se basará simplemente en la voluntad de éstas de someterse a su veredicto, y se apoyará en el propio convenio arbitral[25].

Acudir al arbitraje internacional puede ayudar a la solución de diferentes temas, como: inobservancia de las partes en la aplicación del contrato, responsabilidad en el cumplimiento, derecho de conservación sobre cantidades entregadas en poder de una parte, cantidades debidas por una parte a la otra y por qué concepto, reclamo de compensación e indemnización por daños y perjuicios, costos derivados del procedimiento arbitral y su repartición entre las partes.

Aunque la integración de esta cláusula aún no tiene mucho respaldo por los particulares, cada vez su uso es más solicitado en el arbitraje como un medio alternativo en la solución de controversias. Todo lo anterior se completa con reglas específicas del derecho internacional comercial y los Incoterms.

1.1.3. La aplicación de la Convención de Viena de 1980 en los contratos internacionales

La contratación internacional se complementa por diferentes mecanismos internacionales. Para efectos de la presente sección, se analiza la aplicación de la Convención de Viena[26] en los contratos de compraventa. Desafortunadamente, es poco conocida o mal aplicada al momento de la redacción de la contratación internacional, ya que la Convención puede reemplazar la regula-

---

25 *Cfr.*, Rivero Godoy, J.M. (2014). «El Arbitraje Internacional en el marco de la Cámara de Comercio Internacional: Panorama actual y principales tópicos». *Universitas: Relações Internacionais.* 12 (2). Julio. p. 51.

26 Para un estudio detallado ver Barrera Graf, J. (1983). "La Convención de Viena sobre los Contratos de Compraventa Internacional de Mercaderías y el Derecho Mexicano. Estudio Comparativo". *Anuario Jurídico* X. UNAM. pp. 141-163.

ción de un país determinado para regular el contrato internacional respecto a las cláusulas no convenidas por las partes, siendo un instrumento jurídico "neutro" y de fácil aplicación.

En Viena, Austria, la Organización de las Naciones Unidas (ONU) realizó una conferencia en 1980 para regular el tema de la contratación internacional en el comercio de mercancías, conferencia que tomó el nombre de la "Convención de las Naciones Unidas sobre los contratos de compraventa internacional de mercaderías", también conocida como la Convención de Viena de 1980[27] (a la que nos referiremos simplemente como Convención para efectos prácticos).

Aunque en los contratos internacionales prima la voluntad de las partes, la Convención recoge un conjunto de reglas básicas y comerciales que aplican en los contratos de compraventa de mercaderías, sobre todo "en aquellos casos en que las partes no han definido la mayoría de los puntos que pueden afectar su relación comercial"[28]. Actualmente, existen ochenta y nueve Estados[29] parte de la Convención y si bien ésta no proporciona una definición general del contrato de venta, sí define, en sus diferentes artículos, las obligaciones generales del vendedor[30] y el comprador[31]. En México la Convención

---

27 Para profundizar en el tema ver Schlechtriem, P., Witz, C., (2008). *Convention de Vienne sur les contrats de vente internationale de marchandises.* Dalloz.

28 La obra de Piltz Burghard analiza estos elementos. (1998). *Compraventa Internacional Convención de Viena sobre Compraventa Internacional de Mercaderías de 1980.* Editorial Astrea.

29 Comisión de las Naciones Unidas para el Derecho Mercantil Internacional. En línea. Consultado el 20/03/ 2018. Disponible en: http://www.uncitral.org/uncitral/fr/uncitral_texts/sale_goods/1980CISG_status.html

30 Artículo 30: El vendedor deberá entregar las mercaderías, transmitir su propiedad y entregar cualesquiera documentos relacionados con ellas en las condiciones establecidas en el contrato y en la presente Convención.

31 Artículo 53: El comprador deberá pagar el precio de las mercaderías y recibirlas en las condiciones establecidas en el contrato y en la presente Convención.

entró en vigor el 1 de enero de 1989 y tiene una aplicación obligatoria, superior al derecho interno por ser un tratado internacional. En ese sentido y a excepción de que las partes contratantes excluyan específicamente su aplicación de acuerdo con el artículo 6 de la misma[32], la Convención de Viena se utiliza para interpretar los contratos para la venta de bienes entre partes cuyas sedes de negocios estén en países diferentes y sean signatarios de la Convención. Particularmente, la Convención pretende aclarar los puntos relacionados con la redacción general de un contrato internacional, así como de los derechos y las obligaciones de las partes. Sin embargo, sus disposiciones no determinan la eficacia de un contrato internacional, los efectos de éste sobre la propiedad de los bienes vendidos, la responsabilidad de una parte por las lesiones o la muerte causada por los bienes[33].

A pesar de que el artículo 11 de la Convención reconoce que "el contrato de compraventa no tendrá que celebrarse ni probarse por medio de escrito, ni estará sujeto a ningún otro requisito de forma, ya que se puede probar por cualquier medio (cartas, fax, correo electrónico, incluso con la asistencia de testigos)", se recomienda ampliamente tener una prueba por escrito, redactada en los términos antes analizados porque facilitará la solución de conflictos, máxime en aquellas operaciones de gran envergadura, en donde, en ocasiones, se encuentra en juego el patrimonio de una estructura mercantil y de afirmar por escrito la

---

32 "Las partes podrán excluir la aplicación de la presente Convención o, sin perjuicio de lo dispuesto en el artículo 12, establecer excepciones a cualquiera de sus disposiciones o modificar sus efectos".

33 Sobre el tema ver Veytia, H. (1998). "El Capítulo Uno de los Principios del UNIDROIT: Disposiciones Generales". *Contratación Internacional, Comentarios a los Principios sobre los Contratos Comerciales Internacionales del UNIDROIT.* Universidad Nacional Autónoma de México y Universidad Panamericana. pp. 33-52.

voluntad de las partes de someterse a las disposiciones de la Convención de Viena, lo que permite elegir un derecho neutro[34].

Así, el problema de la formación del contrato es tratado por la Convención, ya que regularmente los contratos de esta naturaleza se concretan entre dos entidades comerciales o personas "no visibles o presentes" y, a veces, por personas que no se conocen. Para estos supuestos, la Convención establece las bases de perfeccionamiento de un contrato y cuáles son los actos previos y preparatorios, así como los elementos de la oferta y la aceptación de ésta. En este punto en particular entran en juego los diversos documentos de la negociación internacional (pedido, confirmación de pedido, factura proforma, etcétera), que finalmente proporcionarán un origen adecuado al contrato de compraventa. Además, si en un contrato de compraventa de ciertas mercancías no se especificara la fecha o el plazo para que el vendedor entregue dichas mercancías, la solución se encuentra contenida en el artículo 33 de la Convención[35].

La Convención de Viena se aplica a cualquier contrato de compraventa internacional de bienes muebles, con la condición de que alguno de los Estados no se halle expresamente excluido por la Convención o por la propia voluntad de las partes. Otra condición es que las personas o sociedades que conforman las partes deben tener su domicilio en diferentes Estados. De acuerdo con la Convención, en caso de que una compañía tenga

---

34 Blanco, D., *Ibidem.*

35 El vendedor deberá entregar las mercaderías:
a) cuando, con arreglo al contrato, se haya fijado o pueda determinarse una fecha, en esa fecha; o
b) cuando, con arreglo al contrato, se haya fijado o pueda determinarse un plazo, en cualquier momento dentro de ese plazo, a menos que de las circunstancias resulte que corresponde al comprador elegir la fecha; o
c) en cualquier otro caso, dentro de un plazo razonable a partir de la celebración del contrato.

sucursales, oficinas, etcétera; en más de un país, se entenderá como nacionalidad de ésta la que tenga más relación con el contrato o, en segundo término, la residencia habitual.

La Convención también admite la posibilidad de que las partes en un contrato de compraventa recurran o se adhieran a los usos o prácticas comerciales[36], tal es el caso de los Incoterms, que pueden ser utilizados en el contrato o en los documentos que proporcionan origen a la formación de dicho contrato.

CONCLUSIONES DEL TEMA

México es uno de los actores más destacados en las prácticas comerciales a nivel mundial y socio comercial de un gran número de países en el orbe. Mediante la implementación y ratificación de tratados comerciales establecidos, se ha simplificado el comercio y se han reducido sus barreras. Sin embargo, con frecuencia se inicia con la exportación sin tener pleno conocimiento de las normativas legales vigentes en el ámbito internacional[37], así como el contenido e importancia de los diferentes contratos que se deben aplicar para llevar a cabo los objetivos de un negocio. A menudo, las complejidades inherentes dificultan identificar potenciales problemas legales en operaciones internacionales. Una premisa clave para una transacción exitosa es establecer métodos de resolución de conflictos antes de que estos ocurran. Es cierto que muchas empresas subestiman la necesidad de contratos detallados y por escrito, algunos consideran suficiente un acuerdo verbal o una simple confirmación por correo electrónico para concluir un negocio. Aunque esta informalidad puede ser común en ciertas áreas o países, puede acarrear riesgos significativos a medio y largo plazo.

---

36 Artículo 8 de la Convención.

37 Para abundar sobre el tema ver Esplugues Mota, C. (2005). *Derecho del comercio internacional.* Editorial Reus.

Una sociedad mercantil que no elabora contratos al hacer negocios internacionales pone en riesgo su estabilidad futura. Es esencial que el contrato contemple cláusulas para resolver conflictos en caso de incumplimiento por alguna de las partes [38]. Si no consiguen acordar un método de resolución de conflictos al redactar su contrato, será aún más complicado hacerlo una vez que surjan discrepancias[39]. Al concertar un órgano de solución de conflictos por acuerdo mutuo desde el inicio de las negociaciones, las dos partes conocerán qué pueden esperar en caso de un incumplimiento.

En México, como en otros países del mundo, muy pocos actores del comercio internacional utilizan los servicios de un profesionista especializado en la materia para que les indique cuáles son las cláusulas que se deben redactar en sus contratos, el significado y consecuencia de éstas, o bien redacte el o los contratos que deban celebrarse a fin de que se fijen en los mismos, con la mayor exactitud posible, los derechos y obligaciones de las partes. En el terreno práctico sucede todo lo contrario, pues las partes recurren a un especialista en contratación internacional hasta que surgen los problemas. Esto dificulta la solución de conflictos porque las partes viven en diferentes países.

Finalmente, el contrato internacional es una herramienta que posibilita las relaciones y el intercambio comercial entre personas de diferentes países y alienta la inversión extranjera y el desarrollo del comercio internacional; sin embargo, puede re-

---

[38] Ver especialmente Cárdenas, E. J. (1975). "Métodos de solución de controversias comerciales internacionales". Revista *Derecho de la Integración.* Instituto para la integración de América Latina, Banco Interamericano de desarrollo. p. 79-103.

[39] Torres Salazar, M. (septiembre de 2011). *Mecanismos de resolución de conflictos comerciales internacionales.* En línea. Observatorio Iberoamericano de Asia Pacífico. Consultado el 09/02/2018. Disponible en: https://www.casaasia.es/iberoasia/garrigues/mecanismos_conflictos_sept2011.pdf

sultar una barrera para lograr dichos objetivos el hecho de que exista inseguridad jurídica al momento de determinar la ley que regirá ese contrato. Además, en muchas ocasiones los procesos de negociación internacional, sus elementos, los requisitos y hasta la documentación exigida para dichas transacciones son completamente desconocidos para los que se inician o incluso los confirmados en el comercio exterior.

2. *El uso correcto de los Incoterms en las transacciones internacionales*

Antes de realizar un transporte de mercancías internacional, hay que responder a la siguiente pregunta: ¿en qué momento los riesgos y los costos se transfieren al comprador? El Incoterm[40] es una elección estratégica dentro de las transacciones internacionales, ya que una de las grandes interrogantes para el actor internacional, cuando se desea exportar o importar, es la de conocer en qué momento los riesgos y los costos se transfieren al comprador. Para responder a la pregunta anterior, en 1936 la Cámara de Comercio Internacional (CCI), situada en París, creó los *International Commercial Terms*[41] (abreviado como Incoterms) o Términos de Comercio Internacional.

Los Incoterms en ocasiones se confunden con la contratación y se tiene la creencia de que estos protegen toda la negociación internacional. Los Incoterms son únicamente una parte mínima de la contratación y nos ayudan a entender mejor los términos de entrega y de riesgos de traspaso de mercancías entre el vendedor y el comprador. Debe quedar claro que el uso de los Incoterms no reemplaza el contrato de compraventa, sino que vienen a reforzar su redacción, siendo una complementariedad de éste. En realidad, los Incoterms son como una especie de "esperanto comercial" que consiguen que todos los participantes del comercio in-

---

40 Ver Cambero Quezada, G. (2014). "El uso correcto de los INCOTERMS en las transacciones internacionales". *Revista Dinámica Empresarial de la Facultad de Derecho de la Benemérita Universidad Autónoma de Puebla*. 6. Julio-agosto.

41 *Cf.* Cámara de Comercio Internacional. Comité español. (2000). *Incoterms 2000. Reglas oficiales de la CCI para la interpretación de términos comerciales*. España.

ternacional, independientemente de su nacionalidad y del idioma utilizado, conozcan, con toda claridad, cuáles son los límites de su responsabilidad[42]. En el presente capítulo se determina el alcance de los Incoterms y su debida aplicación práctica.

Tradicionalmente, el Incoterm ha sido considerado como "un mal necesario", sin embargo, actualmente es un elemento clave de la negociación comercial, ya que las partes que intervienen en la firma y la formalización de un contrato de compraventa internacional tienen un comprensión imprecisa de las diferentes prácticas comerciales utilizadas en sus respectivos países, lo que puede generar malentendidos, y/o litigios, teniendo por consecuencia una pérdida de tiempo y dinero para las partes involucradas. Por tal razón, se impone el estudio de los Incoterms y su correcta aplicación práctica.

2.1. Definición de los Incoterms

La esencia de los Incoterms radica en clarificar la distribución de responsabilidades, costos y riesgos entre comprador y vendedor durante la entrega de mercancías. Sin embargo, no determinan plazos ni métodos de pago, ni fechas de entrega, entre otros detalles. Para aplicarlos, las partes involucradas deben consignarlos en el contrato internacional o en el documento pertinente, sujetándose al Incoterm seleccionado. Aunque su uso es opcional, adoptarlos proporciona seguridad al minimizar ambigüedades en transacciones internacionales.

En ese sentido, el Incoterm es una cláusula estandarizada y reconocida, que permite evitar litigios porque determina el alcance de las responsabilidades, establece precios, así como el momento y dónde se produce la transferencia de riesgos sobre las mercancías del vendedor hacia el comprador, el lugar de entrega de la mercancía,

---

42 Cambero Quezada, G. *op. cit.* p. 25.

quién contrata y paga el transporte, quién contrata y paga el seguro, así como los documentos que tramita cada parte y su costo.

2.1.1. La evolución de los Incoterms

La CCI publicó, por primera ocasión en el año 1936, una serie de reglas o principios internacionales para el mejor entendimiento del comercio internacional mediante el uso de los Términos de Comercio Internacional, denominados como Incoterms 1936. Antes de que la CCI desarrollara los Incoterms, estos eran interpretados de diferentes formas en función del país, generando malentendidos, disputas y procesos de litigio internacional. Desde que CCI estableció los Incoterms en 1936, este estándar contractual ha sido aceptado universalmente y se ha actualizado con regularidad para adaptarse a los cambios y evoluciones del comercio internacional, con lo cual se han introducido enmiendas y adiciones en los años de 1953, 1967, 1976, 1980, 1990, 2000, 2010[43] y los nuevos emitidos para 2020 y su entrada en vigor a partir del primero de enero de ese año.

Este último ajuste se elaboró tendiendo en consideración a los sucesos más relevantes en el mundo del comercio internacional desde la última revisión en 2020. Dichas actualizaciones contienen cambios en el manejo de las cargas, tema que ha sido prioritario dentro de la agenda de transportación de muchos países por motivos de seguridad y aplicación de seguros. Los Incoterms 2020 tienen en cuenta el crecimiento de la economía, la creciente atención prestada a la seguridad en el transporte de mercancías, la flexibilidad de la cobertura del seguro y el conocimiento de embarque a bordo bajo la regla de Franco Transportista (FCA). También se profundiza en el uso de tecnología para realizar

---

[43] Al respecto ver Llamazares García-Lomas, O. (2010). "Capítulo 4: Los Incoterms uno a uno". *Guía Práctica de los Incoterms 2010.* Global Marketing Strategies. pp. 133-151.

transacciones de negocios internacionales, inclusive la máxima autoridad en reglas de comercio internacional, la Comisión de las Naciones Unidas para el Derecho Mercantil Internacional (UNCITRAL), recomienda y alienta el uso mundial de los Incoterms, pues considera que este conjunto de definiciones comerciales elaboradas por el empresariado privado (CCI) en oposición a los reguladores públicos comerciales, armonizan las leyes que gobiernan el comercio internacional y los califica "como una valiosa contribución a la facilitación del comercio internacional"[44].

Cabe mencionar que cada Incoterm tiene su codificación original inglesa, de tres letras abreviadas y define el límite de las responsabilidades tanto del comprador como del vendedor durante la transportación y transmisión de bienes, por ejemplo: FOB o "*Free on Board*", término utilizado para identificar los convenios en los que la mercancía será transportada por vía marítima.

2.1.2. Diferentes tipos de Incoterms

En particular, el uso del Incoterm, ya sea mediante la redacción en un contrato internacional o mediante referencia dentro de la transacción internacional, regula los siguientes puntos:

A. **La distribución de obligaciones entre vendedor y comprador**. ¿Quién hace qué en términos de transporte-seguros-aduanas (si corresponde)? ¿Quién proporciona los documentos asociados? Lo anterior implica establecer quién, ya sea el vendedor o el comprador, debe contratar el transporte y precisa quién toma a su cargo las operaciones de manipulación, de carga y descarga de mercancías de los contenedores, así como operaciones de inspección del transporte de la mercancía. También fija las obligaciones respectivas para el cumplimiento de formalidades de exportación y/o

44 "Vade-mecum du Commerce International". *Classe Export*. Francia. 2011. p.170.

importación, así como el pago de derechos y tasas de importación como la exhibición de documentos.

B. Asignación de costos. ¿Quién paga qué en términos de transporte: seguro de aduanas (si corresponde) y otros servicios auxiliares? Los cargos se transfieren al "lugar de destino" asociado con el Incoterm elegido. Así, reparte entre los dos involucrados los gastos de logística y administrativos en las diferentes etapas del despacho de mercancías.

C. Difusión de riesgos. ¿Hasta qué punto es responsable el vendedor de los riesgos incurridos por las mercancías durante el transporte? El riesgo se transfiere al "lugar de entrega". No siempre corresponde al lugar de destino. Es punto crítico de transferencia de riesgos entre el vendedor y el comprador en el proceso de despacho de mercancías (riesgos de pérdida, deterioro, robo de mercancías, etcétera) y permite conocer qué parte tiene que asumir los riesgos, y establecer las medidas necesarias en términos de seguros.

Cabe mencionar que no todos los Incoterms son reconocidos en todos los países, por lo que se recomienda realizar una investigación previa para conocer si el Incoterm que se plantea es aceptado en el otro país, sobre todo en los países de "riesgo", como lo son algunos mercados de África y Asia.

Los Incoterms se clasifican de diferentes maneras, entre ellos se encuentran clasificados como Incoterm de "salida de fábrica" del vendedor. Los denominados Incoterms de predespacho por parte del vendedor y pueden integrar el transporte principal bajo la responsabilidad del mismo vendedor. Lo de control hasta la zona de posdespacho, que son los Incoterms denominados de llegada. En las actualizaciones de Incoterm 2010 y 2020 se realizaron varias revisiones con el fin de asegurar que la redacción de las reglas Incoterms reflejen con claridad y precisión las prácticas de comercio internacional actual. El número de reglas en la reforma vigente del 2010 y 2020 son 11: puesto que por el vendedor en salida de fábrica (EXW), a partir del momento que ésta es dejada por el vendedor al transportista para su expedición (FCA, FAS, FOB, CFR, CIF, CPT y CIP) y la mercancía viaja a riesgos del vendedor hasta el punto convenido (DAP, DPU y DDP), los cuales se definen de la siguiente forma:

Siete Incoterms multimodales: en primer lugar, el contrato cubre uno o más modos de transporte (aéreo / marítimo / terrestre / ferroviario). También cubren el transporte en contenedores marítimos, cuando las mercancías se entregan al recinto de contenedores. El lugar asociado con el Incoterm multimodal puede ser diverso y variado (almacén, puerto, aeropuerto, frontera, etcétera).

- EXW Ex Works/ En fábrica.
- FCA Free Carrier/ Libre transportista.
- CPT Carriage Paid To/ Transporte pagado hasta.
- CIP Carriage and Insurance Paid To/ Transporte y seguro pagados hasta.
- DPU Delivered at place Unloaded/ Entregada en lugar descargada.
- DAP Delivered At Place/ Entregado en un punto.
- DDP Delivered Duty Paid/ Entregado con derechos pagados.

Cuatro Incoterms marítimos: cuando los puntos de recogida y entrega son puertos, o para mercancías entregadas a la compañía naviera junto con el barco o a bordo del barco en el puerto de embarque. En general, transporte a granel y convencional (mercancías no en contenedores y cargadas con la ayuda de polipastos, tuberías, etcétera). El lugar asociado con el Incoterm marítimo solo puede ser un puerto.

- FAS Free Alongside Ship/ Libre al costado del buque.
- FOB Free On Board/ Libre a bordo.
- CFR Cost and Freight/ Coste y flete.
- CIF Cost, Insurance and Freight/ Coste, seguro y flete.

2.2. Uso correcto de los Incoterms

La elección del Incoterm depende de varios factores a considerar por el vendedor y por el comprador. Por ejemplo, el vendedor puede optar por el control del transporte y el riesgo (en términos de la política comercial proporcionada al cliente) para facilitar la adquisición de mercancías. Sin embargo, algunas empresas consideran este control como el origen de problemas adicionales, en esos casos se deja al comprador la contratación del transporte. Estas últimas políticas pueden llegar a ser perjudiciales para la empresa que desea comercializar un producto en un mercado extranjero, por lo que se recomienda tener el control, en la medida de sus capacidades, de la venta del producto al lugar donde lo solicita el comprador. Hoy en día predomina una tendencia en la que el comprador queda libre de toda obligación durante la logística.

Otro aspecto relevante tiene que ver con la omisión del año del Incoterm a utilizar[45], en estos casos se utilizará automáticamente la última actualización. Para emplear los Incoterms 2020, se sugiere precisarlo claramente en el contrato internacional: indicar la regla Incoterms elegida y agregar el lugar o domicilio de entrega, seguido de Incoterms 2020; ejemplos: FOB Le Havre Incoterms 2020, del Incoterm o EXW Guadalajara Incoterm 2020, donde EXW o "Ex Works" indica que la mercancía será entregada en las instalaciones, fábrica o bodega del vendedor o fabricante[46].

La no mención del Incoterm 2020 respectivo puede conducir a problemas financieros para la empresa, ya que las prácticas comerciales pueden variar de un país a otro. Por ejemplo, se establece que cuando una empresa exportadora quiere vender con precio FOB, pero no lo estipula por escrito ni en los

---

45 Palmés Combalia, R. "Capítulo 6. Cómo utilizar los incoterms". *Cómo usar bien los incoterms*. España: ICG Marge. p. 86.

46 *Ibidem*, p. 102.

documentos contractuales, ni en los anexos, y vende a un país donde la costumbre comercial es recibir los productos con precios CIF, y esa costumbre es, además, aceptada por los tribunales comerciales locales, en caso de un conflicto el tribunal considerará que las partes han decidido aplicar las normas y costumbres del país de destino. En este supuesto, el exportador estaría obligado a pagar el embarque y el seguro, a pesar de que el precio acordado fue por el valor del producto en el puerto de origen (FOB), lo que en una pequeña empresa podría significar su cierre.

Asimismo, en México, muchas empresas involucradas en el comercio internacional recurren con frecuencia al término FOB, aunque en realidad, la naturaleza de sus transacciones suele ser de tipo "Puerta-Puerta" (DDP o *Delivery Duty Paid)* o relacionada con transporte terrestre o aéreo. Cabe destacar que este término FOB tiene una concepción y aplicación muy diferente en los negocios con Estados Unidos[47], y es muy diferente el Incoterm FOB de la CCI, por lo que es conveniente verificar con el cliente/proveedor si se trata de un FOB norteamericano o un Incoterm 2020 de la CCI.

Respecto a los Incoterms, se recomienda incluirlos en un contrato internacional, pero no dejar únicamente el acrónimo del Incoterm y el lugar de destino, sino que se debe realizar una descripción lo más precisa posible dentro del contrato. Ejemplo de cláusula de contrato internacional Incoterms:

> FOB Puerto de Mercancías, Puerto de Altamira, Tamaulipas, México, Incoterms 2020 CCI: El Vendedor pone a disposición en el puerto de Altamira, México, en el lugar pactado denominado Puerto de Mercancías de Altamira, el buque X (nombre de la embarcación, elegida por el comprador). El vendedor es responsable de las formalidades aduaneras para la exportación

47 Estipulados en la Fracción I del artículo 2-319 del *Uniform Comercial Code* de EUA, y los cuales reagrupan la integralidad de los Incoterms de la CCI.

> de la mercancía. El comprador elige la nave X (nombre de la embarcación), quien es responsable del pago del flete marítimo, el seguro y, además, del *check-in* de la mercancía. Los gastos y riesgos de pérdida o daño de la mercancía, en relación con el Incoterm FOB pactado, son responsabilidad del Comprador desde el momento en la mercancía sea puesta en el puerto antes mencionado.

Como se observa, al realizar un buen uso del Incoterm e integrarlo en la formalización del contrato internacional, los contratantes conocen sus obligaciones respectivas y las consecuencias jurídicas de sus compromisos. En la aplicación de los usos y costumbres internacionales se admite que la transmisión de la responsabilidad de la mercancía vendida se produzca en el momento de la entrega de ésta, al margen de lo que las partes hubiesen podido acordar mediante contrato. Lo anterior implica que la responsabilidad del vendedor no termina en el momento del embarque de la mercancía, ya que en cierto modo quedaría desprotegida la parte compradora en relación con los posibles defectos de la mercancía en cuanto a su calidad y cantidad se refiere. Sin embargo, el comprador cuenta con un plazo para el análisis de lo comprado, siendo los Incoterms facilitadores en el marco de reglas y principios internacionalmente aceptados, que admiten una interpretación sin errores de los términos esgrimidos en los contratos de compraventa, así como en la documentación comercial presentada.

CONCLUSIONES DEL TEMA

Se destaca que generalmente concurren dos equivocaciones habituales en relación con la aplicación de los Incoterms. En ocasiones se interpretan estas reglas como una aplicación exclusiva al contrato de transporte y no al de compraventa, dando por hecho de manera errónea que el Incoterm regula todas las obligaciones que las partes quieran incluir en el contrato de compraventa, lo que puede llevar a graves resultados de aplicación de la norma. Se debe tener en mente que los Incoterms se ocupan únicamente de aspectos básicos bien determinados de la relación comercial entre el comprador y el vendedor en un contrato de compraventa. Para los actores confirmados en comercio internacional, el uso de las reglas Incoterms aplicadas en casos y disputas contractuales de carácter internacional, pueden ser útiles para solventar y esclarecer conflictos y prevenir otras situaciones de difícil solución comercial, por lo que su uso es recomendable en toda transacción internacional.

3. Arbitraje internacional: un método alternativo para la resolución de conflictos

Realizar operaciones comerciales internacionales siempre tienen un riesgo inherente para las sociedades mercantiles nacionales: falta de pago, pérdida de mercancía, mercancía no conforme, entregas fuera de tiempo, no respeto al derecho de propiedad industrial o de autor y, en general, no respeto de las cláusulas pactadas en el contrato. Lo anterior puede derivar en una disputa entre las partes, por lo que llegar a un arreglo amistoso, en la mayoría de los casos, es difícil, máxime cuando las partes se encuentran en países diferentes[48].

Derivado de lo anterior, la pregunta que se genera es la siguiente: ¿cómo se puede blindar mi transacción internacional? y en caso de una disputa, ¿cómo se puede resolver de manera eficiente y con el menor de los costos? Para responder a la primera, se tendrá que acudir primero a la elaboración de un contrato internacional que establezca de forma clara y precisa los derechos y obligaciones entre las partes. Respecto a la segunda pregunta, en caso de una disputa es necesario establecer dentro del mismo contrato una cláusula de resolución de conflictos mediante arbitraje, lo que permite conocer los alcances y consecuencias derivados de actos de comercio con empresas establecidas en el extranjero que hayan incumplido sus obligaciones.

---

48 Ver Cambero Quezada, G. (julio de 2017). "Arbitraje internacional: Método alternativo para resolución de conflictos". *Revista Dinámica Empresarial de la Facultad de Derecho de la Benemérita Universidad Autónoma de Puebla.* p. 24.

3.1. Definición del arbitraje internacional

De acuerdo con Liliana Etel Rapallini[49], "el arbitraje de derecho privado internacional difundido sobre todo en el área del Derecho Mercantil tiene tras de sí razones justificativas muy estimables que aconsejan su conservación, difusión e incorporación como práctica". Ante el hecho de que no exista una autoridad o jurisdicción internacional de derecho privado o tribunal internacional de derecho mercantil, las partes por lo general recurren a alguna institución de administración de justicia que, con vocación internacional, pueda arbitrar las posibles diferencias con respecto al contrato que les vincula.

El arbitraje internacional se define como un modo de resolución de conflictos por el cual las partes involucradas deciden no someter el asunto en litigio al examen de sus jurisdicciones o jueces nacionales[50] y los confieren a entes u organismos privados especializados en el comercio internacional de su elección o preferencia. Tradicionalmente se distinguen dos áreas de solución de conflictos, la primera es el arbitraje de inversiones, es decir, cuando los Estados afectan o dañan las inversiones de los particulares pertenecientes a otras naciones, donde la institución mejor conocida en este ámbito es el Centro Internacional de Arreglo de Diferencias Relativas a Inversiones (CIADI)[51],

---

49 Etel Rapallini, L. (marzo de 2014). "Arbitraje internacional y toma de Medidas Cautelares". *Revista de la Secretaria del Tribunal Permanente de Revisión del Mercosur.* 2. p. 275.

50 La Suprema Corte de Justicia mexicana define la jurisdicción como la potestad del Estado para impartir justicia, por medio de sus tribunales. Es decir, potestad de que se hallan investidos los jueces nacionales para administrar justicia. Sala Auxiliar. Séptima Época. *Semanario Judicial de la Federación.* 80 (VII). p. 21.

51 Más información, ver: Broches, A. (1995). *International Centre for Settlement of Investment Disputes (ICSID), Selected Essays: World Bank, ICSID, and Other Subjects of Private and Public International Law.* (III). Martinus Nijhoff Publishers.

perteneciente al Banco Mundial, y se centra en los conflictos de expropiación de inversiones. La segunda es propiamente la del arbitraje comercial internacional, que se focaliza en la resolución de conflictos entre los particulares, por lo general, de sociedades con una vertiente multinacional, pero que cada día cobra mayor importancia entre la pequeña y mediana empresa[52]. Los expedientes que son tratados en arbitraje presentan diversos y variados puntos de conflictos, lo que la hace una materia nueva, interesante y retadora, aunque poco conocida y publicitada en el medio empresarial del complejo económico mexicano.

3.2. La consolidación del arbitraje internacional

El arbitraje comercial se ha convertido en el modo habitual de resolución de conflictos entre los diversos operadores económicos internacionales. Este medio alterno de justicia permite obtener una solución relativamente rápida a los conflictos, manteniendo la discrecionalidad y confidencialidad del asunto en litigio. En ese sentido, las decisiones o laudos arbitrales que ponen fin al litigio, emitidos por uno o varios árbitros, no son publicados, contrario a algunos países que obligan a sus jueces nacionales a otorgar publicidad a sus decisiones o sentencias. Además, lo anterior se complementa con el hecho de que la mayoría de las legislaciones de los países respetan la decisión de las partes de recurrir a un arbitraje, el cual puede desarrollarse en otro país y otorgan plena eficacia a los laudos arbitrales en su propio país. Este mecanismo es posible gracias a la ratificación de tratados y convenios, los cuales establecen la base "legal" para considerar la decisión del árbitro como obligatoria, así, en caso de no cumplirse por

52 Ver Rivero Godoy, J. M. (julio de 2014). «El Arbitraje Internacional en el marco de la Cámara de Comercio Internacional: Panorama actual y principales tópicos» *Universitas: Relações Internacionais*. 12 (2). p. 51.

una de las partes, un juez nacional puede complementar la decisión sin tener que llevar de nuevo un proceso judicial.

Existe también otro factor que explica el éxito del arbitraje comercial internacional. Esto se debe a que las empresas instaladas en un país extranjero, por ejemplo, en México, con un socio local o nacional, son muy escépticas a recurrir a los jueces o jurisdicciones propias del país, ya que temen que éstas puedan inclinar el conflicto en favor de los "nacionales". En ese sentido, una de las ventajas que presenta el arbitraje es la neutralidad, ya que las partes pueden designar los árbitros de su elección y elegir el país "sede" del procedimiento de arbitraje. Esto puede sonar un poco raro para la empresa que no está acostumbrada a ir más allá de sus fronteras e inclusive pudiera generar desconfianza el ver su asunto en manos de personas extranjeras y, tal vez, en un país extranjero, pero el objetivo del arbitraje es todo lo contrario, busca generar certidumbre, seguridad jurídica y transparencia en la forma en que se resuelve un litigio internacional por expertos en la materia.

Por otro lado, la mediación de cualquier tribunal o panel de arbitraje tiene una serie de privilegios con relación a un tribunal nacional[53]:

- Las jurisdicciones nacionales suelen ser lentas en sus procesos y notificaciones, sobre todo cuando se trata de solventar un conflicto de orden internacional.
- Utilizar una instancia local implica viajes para una de las partes involucradas en el diferendo, incertidumbre en cuanto a los costos del procedimiento judicial, desconocimiento de los jueces de temas de comercio internacional, lentitud de notificaciones, etcétera.

---

53 Malel, E. (1997). *El arbitraje civil y comercial.* Asociación de Escribanos del Uruguay.

- Con frecuencia es difícil converger para las partes en un tribunal que tenga como especialidad todos los aspectos del contrato, ya que posiblemente la redacción del mismo tiene como base las leyes de los países a los cuales pertenecen las compañías o empresas, con sometimiento de leyes de otros países o tratados internacionales, los cuales no son del dominio del juez nacional.
- Las partes tienen entre ellas una que va más allá de sus fronteras, por lo que también es recomendable que los conflictos se resuelvan en un contexto apropiado como lo podría ser el arbitraje internacional.
- Los árbitros internacionales son personas que se especializan en la materia de los negocios internacionales, sus usos y costumbres[54].
- Un litigio ante un juez nacional puede ser objeto de publicidad para llamar a otros que pudieran estar interesados en el asunto, y existe la posibilidad de que dicha situación incomode a las partes involucradas, quienes pudieran estar dirimiendo algún secreto comercial establecido en su contrato.

3.3. Desarrollo del arbitraje internacional

Cualquier persona física o empresa confrontada a un litigio internacional puede accionar el mecanismo del arbitraje, la condición es que las partes consientan su voluntad de someterse a la solución del conflicto por dicha vía. Si una de las partes no acepta el recurso a la justicia privada, el conflicto quedará en las manos de los tribunales nacionales. Las partes deben manifestar su voluntad para someterse al procedimiento arbitral comercial por dos medios:

---

54 Espugles Mota, C. (1997). "El juez y el árbitro en el Arbitraje Comercial Internacional". *Cuadernos de Derecho Judicial.* p. 13.

1) El primero se realiza antes del surgimiento del conflicto, mediante el establecimiento en el contrato internacional de una cláusula que prevea que, en caso de una dificultad entre las partes en la ejecución del contrato, la controversia será resuelta por una jurisdicción arbitral. Dicha cláusula específica, incluida en el contrato (o prevista en una convención que remita al contrato principal), se llama "cláusula arbitral ". Debe establecerse por escrito, en el que las partes acuerdan someterse al procedimiento arbitral de un árbitro determinado o de una institución arbitral, para resolver un conflicto.

El fundamento de la redacción de la cláusula arbitral radica, de acuerdo con la Cámara de Comercio Internacional[55] (CCI), en que las partes deben establecer lo siguiente:

- La sede física del arbitraje.
- La lengua por utilizar durante las diversas fases del procedimiento.
- El derecho aplicable al fondo y a la cláusula arbitral.
- Excluir expresamente el árbitro de emergencia.
- Si se opta por un arbitraje de derecho o de equidad.

Por lo general, surgen complicaciones en los contratos si se omite información, por ejemplo, si no se estableció el idioma es probable que el procedimiento se desarrolle en inglés o alemán, lo cual puede llevar un coste mayor en abogados que dominen dicho idioma. O si no se establece la sede del arbitraje presumiría llevar el asunto ante los estrados de la Corte Internacional de Arbitraje (CIA, con sede en París). En relación con el derecho aplicable, de no indicar, se debe concebir que el árbitro tiene su autonomía y no siempre se podrá estar acorde con el derecho que se

---

55 Caivano, R.J. "El arbitraje: nociones introductorias". *Revista Electrónica de Derecho Comercial.* En línea. Consultado el 18/05/2019. Disponible en: http://www.derecho-comercial.com/Doctrina/Arb-001.pdf

ha decido aplicar. Inclusive si se opta por más de un árbitro, en caso de no mencionarse el número de árbitros que intervienen en el procedimiento se entiende que se optó por uno solo. Éste ha sido el criterio de aplicación práctica de la CIA.

Por lo que es necesario que toda cláusula arbitral estipule de forma inequívoca el lugar o sede del arbitraje, indicando no únicamente un país, sino una ciudad determinada para evitar confusiones. Regularmente, es completamente independiente del lugar donde radica la corte o el panel que las partes puedan elegir para dirimir la controversia. Por ejemplo, el hecho de que una institución que gestiona arbitrajes como la Cámara de Comercio Internacional[56] tenga su sede en París, Francia, no forzosamente implica que la sede del arbitraje sea ahí mismo, las partes puedan elegir libremente cualquier otro sitio. Por otro lado, es fundamental que los juzgados del país de la sede del arbitraje sean competentes para reconocer la invalidación de un laudo arbitral, que es la decisión final del árbitro y que se equipara a la sentencia de un juez, dictada con base en los tratados internacionales en la materia, o admitir que el arbitraje pueda formalizarse ante un juez nacional por así convenirlo a una de las partes. Además, toda cláusula de sujeción a un arbitraje debe establecer rotundamente cuál es su alcance, ya que los árbitros no pueden entrar al estudio de otra cuestión a la que no se les haya sometido.

Existen varios modelos de cláusulas arbitrales que pueden establecerse en un contrato. Un modelo generalmente aceptado de cláusula es la propuesta por la Cámara de Comercio Internacional de París, la cual versa de la siguiente forma en español:

> Todas las desavenencias que deriven del presente contrato o que guarden relación con éste serán resueltas definitivamente de acuerdo con el Reglamento de Arbitraje de la Cámara de Comercio Internacional por uno o más árbitros nombrados conforme a este Reglamento.

---

56 Olivencia Ruiz, M. (2005). *Arbitraje Mercantil. Ensayo sobre una justicia alternativa.* Escritos Jurídicos. Fundación el Monte. p. 35.

Sin embargo, las partes son libres de pactar la institución de arbitraje que más convenga para resolver las diferencias. Respecto a la redacción de las cláusulas, se recomienda que se encargue a un experto para evitar problemas de interpretación al momento de surgir el litigio.

2) El segundo se establece después del surgimiento del conflicto, en el cual se redacta un acuerdo en el que las partes se someten al procedimiento de un tribunal arbitral. Dicho documento se le denomina, por lo general, compromiso de arbitraje y no debe confundirse con la carta compromiso de venta, la cual posee los intercambios de promesas recíprocas de compraventa en el marco de una transacción internacional.

En la práctica, es muy raro que las partes se sometan a un arbitraje después del surgimiento del conflicto. Como regla general, los procedimientos arbitrales inician debido a la existencia de una cláusula al respecto establecida con antelación. Dicha cláusula es obligatoria para las partes y tiene por objetivo constituir el tribunal arbitral para resolver el litigio. Una vez establecido el compromiso del arbitraje y sometidas las partes al mismo, se delega la búsqueda de una solución a uno o a varios árbitros. Las partes tienen la elección de la persona a la cual será confiada el expediente en litigio, sin embargo, en la práctica, la técnica de la mayoría de los litigios que se someten al arbitraje exige de juristas y especialistas en la materia a analizar, los cuales pertenecen a estructuras permanentes; por ejemplo, en el arbitraje internacional podría someterse a un litigio de la Corte Internacional de Arbitraje[57] de la antes mencionada CCI, con su matriz principal en París, y con sedes nacionales prácticamente en la mayoría de

---

57 Para más información ver: *Reglamentos de Arbitraje y de ADR*. Cámara de Comercio Internacional. En línea. Consultado el 06/04/2018. Disponible en: http://www.iccspain.org/wp-content/uploads/2015/04/2012_Arbitration-and-ADR-Rules-SPANISH.pdf

los países del orbe, incluyendo a México[58]. Sin embargo, las partes son libres de decidir si van a utilizar las reglas y a los árbitros de la Corte Internacional de Arbitraje de la CCI, o las reglas y árbitros de otra institución arbitral, o ninguna regla en absoluto y con árbitros designados por ellos (denominado arbitraje *ad hoc*).

3.4. Protección jurídica efectiva

Otro de los temores que enfrenta la empresa mexicana ante el desconocimiento del arbitraje es el de reconocer y ejecutar una decisión arbitral dictada en otro país y por un árbitro extranjero, y evitar que la otra parte que ha perdido el litigio se pueda negar a cumplir dicha decisión. Para ello, el mecanismo se ha blindado y ofrece seguridad jurídica a las partes, ya que la decisión final o laudo resultado del procedimiento arbitral es obligatorio y vinculante. No existe ningún recurso o apelación permitida para el laudo arbitral en un procedimiento de arbitraje internacional (excepto si las partes lo deciden antes de iniciar el procedimiento). El resultado es totalmente definitivo, sujeto únicamente a una solicitud para anular el laudo debido a irregularidades justificadas en el procedimiento, tales como injusticias comprobadas o falta evidente de independencia del árbitro.

Por otra parte, y es la ventaja principal del arbitraje, los laudos arbitrales gozan de reconocimiento internacional, mucho más que los juicios de tribunales nacionales y que sus sentencias se tienen que ejecutar en otro país, debido a que aproximadamente 145 países han firmado la Convención de Nueva York de 1958 sobre el Reconocimiento y Ejecución de las Sentencias Arbitrales Extranjeras. Además de otros instrumentos internacionales que facilitan la ejecución de un laudo arbitral y tienen el mismo valor que una sentencia de un juez nacional. Así pues, un laudo arbitral dictado, por ejemplo, en Francia, tiene aplicación y validez

---

58 Consultar sitio de Internet de la CCI nacional: http://www.iccmex.mx/

en México, la convención antes mencionada impone algunos requisitos para que sean aplicables. De manera que, para asegurar una resolución exitosa, se recomienda someterse a un procedimiento arbitral de un instituto u organización con experiencia en resolver litigios internacionales, como la CCI o similar que proporcione servicios de solución de conflictos internacionales.

3.5. La validez de laudos en lo nacional

En lo nacional, referente a laudos emitidos por árbitros internacionales, el Código de Comercio mexicano fija las bases en cuanto al reconocimiento del arbitraje comercial, al estipular que: "El procedimiento mercantil preferente a todos es el que libremente convengan las partes (…), pudiendo ser un procedimiento convencional ante Tribunales o un procedimiento arbitral"[59]. Además, se establece que un laudo arbitral, sin importar el país en que haya sido dictado, será reconocido como vinculante y obligatorio y, después de la solicitud por escrito a un juez nacional, será cumplido de conformidad con la ley nacional[60]. El procedimiento es relativamente sencillo, el propio Código antes mencionado establece que:

> La parte que invoque un laudo o pida su ejecución deberá presentar el original del laudo debidamente autenticado o copia certificada del mismo, y el original del acuerdo de arbitraje o copia certificada del mismo. Si el laudo o el acuerdo no estuviera redactado en español, la parte que lo invoca deberá presentar una traducción a este idioma de dichos documentos, hecha por perito oficial [61].

Debido a la competencia concurrente en México, se recomienda elegir a los tribunales federales para la ejecución de los

59 Artículo 1051 del Código de Comercio.

60 Artículo 1461 del Código de Comercio.

61 *Ibidem.*

laudos por la uniformidad de criterios con los que ya cuentan. El problema se genera cuando se tiene que validar y ejecutar el laudo en otros países en donde se exigen formalidades diferentes a las establecidas por las leyes mexicanas, ya que los efectos del laudo dependen de la ley del país destino, por eso es importante que desde el inicio de la relación comercial internacional se tengan claros los efectos que pudiera producir un laudo que se va a ejecutar en el país de la otra parte contratante.

CONCLUSIONES DEL TEMA

Sin duda alguna la rapidez y los costos pueden inclinar la balanza para optar por el arbitraje internacional a diferencia de un litigio presentado ante los tribunales nacionales, ya que los árbitros internacionales han desarrollado competencias en el diseño de procedimientos que maximizan la eficiencia en tiempo y costos y minimizan la interrupción de los negocios de las partes involucradas.

Dada la complejidad y los intereses en juego de los expedientes, se recomienda tener asesores internacionales que hayan probado ser rigurosos al tratar asuntos internacionales y que proporcionen respuestas inmediatas. Sobre todo, se requiere de conocedores del entorno de los negocios internacionales y sus particularidades. Asimismo, se necesitan expertos que dominen los idiomas, primordialmente el inglés, y que tengan un conocimiento variado de las culturas y de la gestión intercultural. Al tener cubierta esta parte esencial de los asesores y un contrato internacional bien redactado, se tendrán las herramientas necesarias para enfrentar los mercados internacionales con mayor certeza y seguridad.

4. El contrato electrónico internacional

El uso adecuado de las Tecnologías de Información y Comunicación (TIC) es un mecanismo eficiente de protección internacional, que complementa lo antes analizado y favorece el desarrollo de la administración empresarial moderna. Sin duda alguna, la economía dentro del contexto de la sociedad de la apertura de la información está "basada en un potencial de crecimiento de la productividad sin precedentes, como resultado de la extensión de los usos del Internet a toda clase de empresas y en operaciones de toda índole"[62]. En palabras de la autora María Dolores Ortiz Vidal:

> El uso masificado de los medios electrónicos y de las nuevas tecnologías de la información, así como el fácil acceso a Internet, permite a las sociedades mercantiles que se encuentran en diferentes países celebrar las transacciones internacionales mediante una nueva forma de contratar: la celebración de un contrato electrónico o en línea[63].

El contrato electrónico posibilita la compra y/o venta de productos y/o servicios de forma más eficiente y rápida, además, elimina las barreras geográficas, de manera que las partes no necesitan estar en el mismo lugar físico para concretar la firma. La tecnología actual nos permite perfeccionar dichos contratos, sobre todo para la aceptación de una compraventa internacional mediante el uso de medios electrónicos[64]. Para lo cual existen

---

62 "A perfect market: A survey of e-commerce". Estudio publicado el 15 de mayo de 2004 en la revista *The Economist.*

63 "Contratos electrónicos internacionales B2C y protección del pequeño empresario". *Cuadernos de derecho Transnacional.* 6(1). Marzo 2014. p. 387.

64 Valenzuela Pena, D., Burgos Puyo, A. y Castro Pinzón, A. (2002). «Contratación Electrónica: es necesaria una Convención Internacional". *Revista E-Mercatoria.* 2.

tres puntos clave a saber: primero, el perfeccionamiento internacional y nacional, segundo los medios electrónicos y por último el componente de firma electrónica. Sin embargo, dicho sistema de contratación aún es poco utilizado en el mundo empresarial.

4.1. Fuentes internacionales y nacionales

De acuerdo con René Cano Ariza:

> Las TIC son utilizadas como un mecanismo de comunicación que junto con las tradicionales formas de expresión (escrita o verbal) forman parte del conjunto de alternativas con que cuentan las personas para manifestar su voluntad. En la actualidad encontramos de forma natural que se realizan contratos desde una página web o una aplicación electrónica[65].

También establecemos contratos mediante el uso de correo electrónico y la conclusión de negocios por medio de chats e inclusive videoconferencias. Aplicar las tecnologías no significa que los elementos jurídicos tradicionales de una contratación hayan perdido vigencia. Por el contrario, los fundamentos legales que regulan la formación de los actos y contratos aún tienen aplicación dentro del contexto de la contratación por medio de las TIC. Por tal motivo, resulta apropiada la explicación que la profesora Mariliana Rico Carrillo establece al mencionar el principio de la "inalteración del derecho preexistente de obligaciones y contratos". Según éste, explica Rico Carrillo, "los elementos esenciales del negocio jurídico no deben modificarse cuando el contrato se perfecciona por vía electrónica, ya que se trata sólo de un nuevo medio de representación de la voluntad negocial"[66].

---

65 "El consentimiento en los click y web wrap agreements en los contratos electrónicos". *Perfiles actuales del derecho patrimonial.* Universidad Veracruzana. 2010. p. 19.

66 Rico Carrillo, M. (2005). *Comercio electrónico, Internet y derecho.* Venezuela: Legis Editores, C.A. p. 71.

El primer paso es identificar la posibilidad de usar los medios electrónicos para la contratación internacional en un país determinado. La respuesta nos la proporciona la Convención de las Naciones Unidas sobre los Contratos de Compraventa Internacional de Mercaderías (en adelante "Convención Contratos"). Cabe mencionar que la Convención Contratos cuenta con un gran número de ratificaciones por diversos países y es uno de los instrumentos jurídicos más importantes en cuanto a la armonización del derecho del comercio internacional. México ratificó la Convención Contratos desde 1987 y entró en vigor desde 1989, en ella se establece como principio general la libertad de forma en los contratos, es decir, pudiendo ser escritos, orales o inclusive electrónicos. En particular, el artículo 11 de la Convención Contratos dispone que no es necesario ningún acuerdo escrito para la celebración del contrato. No obstante, el artículo 29 establece que:

> Si el contrato consta por escrito y contiene una estipulación que exija que toda modificación o extinción por mutuo acuerdo se haga por escrito, el contrato no podrá modificarse ni extinguirse por mutuo acuerdo de otra forma.

En ese sentido, algunos países imponen en su legislación que los contratos deben celebrarse o ser aprobados por escrito y no permiten que la celebración, la modificación o la extinción del mismo contrato de compraventa (ni la oferta, la aceptación o cualquier otra manifestación de cambio contractual) se realice por un procedimiento diferente al escrito, de manera que no se aplica lo conducente a la Convención, en el supuesto de que alguna de las partes tenga su residencia en el Estado que impone dicha obligación legal de una contratación por escrito. Para tener en consideración, algunos de los países signatarios de la convención con dicha reserva son: Argentina, Chile, Federación de Rusia, Paraguay, Ucrania, entre otros.

México no tiene una reserva al respecto y no impone la obligación de forma escrita para el consentimiento en un contrato. Inclusive, el artículo 1803 del Código Civil establece que el consentimiento: "será expreso cuando la voluntad se manifiesta verbalmente, por escrito, por medios electrónicos, ópticos o por cualquier otra tecnología, o por signos inequívocos". Además de lo estipulado por el Código de Comercio mexicano en su Título Segundo, que establece el uso de medios electrónicos en las transacciones comerciales. Por otra parte, el artículo 210-A del Código Federal de Procedimientos Civiles reconoce como prueba en un juicio "la información generada o comunicada que conste en medios electrónicos, ópticos o en cualquier otra tecnología. Por lo que un contrato internacional generado por medios electrónicos es susceptible de presentarse como prueba en juicio". En ese sentido, México es un país que establece la "libertad de forma" para la redacción y perfeccionamiento de los contratos internacionales de compraventa y se permite la perfección contractual por medios electrónicos[67]. Se recomienda como primer paso, antes de contratar con medios tecnológicos con una empresa domiciliada en otro país, verificar que el país en donde se encuentra establecida la empresa con la cual se va a llevar a cabo una contratación ha firmado y ratificado la Convención Contratos y que no establezca reserva alguna en cuanto a la forma escrita[68]. Esto con la finalidad de evitar dolores de cabeza futuros, derivados de la contratación electrónica, y que ésta no sea reconocida por el país donde se encuentra domiciliada la empresa en caso de un litigio comercial internacional.

---

67 Remolina Angarita, N. (2006). «Aspectos legales del comercio electrónico, la contratación y la empresa electrónica». *Revista De Derecho Comunicaciones y Nuevas Tecnologías*. 2. p. 323.

68 Página de referencia para conocer los países firmantes y que han ratificado la Convención y los que únicamente aceptan la forma escrita para el perfeccionamiento y validez de un contrato internacional. En línea. Consultado el 15/08/2019. Disponible en: http://www.uncitral.org/uncitral/es/uncitral_texts/sale_goods/1980CISG_status.html

4.2. El uso de medios electrónicos

Para entender los medios electrónicos es necesario primero definir algunos conceptos básicos. Con base en la norma jurídica mexicana, se consideran medios electrónicos: "todos los dispositivos tecnológicos utilizados para transmitir o almacenar datos e información, a través de computadoras, líneas telefónicas, enlaces dedicados, microondas o de cualquier otra tecnología"[69]. En otras palabras, una computadora conectada a Internet es suficiente para considerarse una herramienta potencial para el perfeccionamiento de un contrato internacional. En este rubro se entiende que no sólo es el contrato final el que tiene un valor jurídico, sino la oferta, la aceptación y cualquier otra manifestación de la voluntad enviados por mensajes electrónicos para perfeccionar un contrato por estos medios, los cuales tendrán igual validez y eficacia jurídica (por ejemplo, las comunicaciones entabladas por correo electrónico). En consecuencia, las obligaciones que pudieran derivar de dichos actos tendrán el mismo valor jurídico que los que se realizan por otro soporte tal como el documento basado en el papel.

Otro concepto importante es el *documento electrónico,* la norma mexicana lo define como "el soporte escrito con caracteres alfanuméricos, archivo de imagen, video, audio o cualquier otro formato tecnológicamente disponible, que contenga información en lenguaje natural o convencional, intercambiable y transmisible por medios electrónicos, con el que sea posible dar constancia de un hecho derivado de actos, comunicaciones y procedimientos"[70] y que se aplica a las empresas involucradas en el perfeccionamiento del contrato internacional. Esto significa que cualquier información, enviada, recibida o archivada por medios electrónicos como: *email,* aplicaciones de chat como WhatsApp, una página web, etcétera, puede llevar al perfeccionamiento de un contrato internacional.

---

[69] Establecido en diversas leyes estatales y federales sobre el uso de la firma electrónica en México.

[70] *Ibidem.*

En México el artículo 89 bis del Código de Comercio establece que "no se negarán efectos jurídicos, validez o fuerza obligatoria a cualquier tipo de información por la sola razón de que esté contenida en un Mensaje de Datos".

Sin embargo, uno de los problemas de la contratación internacional es la identificación de las personas que están llevando a cabo la negociación y el perfeccionamiento del contrato, sobre todo si se trata de personas que nunca han tenido contacto físico entre ellas. Suponiendo, por ejemplo, que una empresa se encuentra establecida en México y la otra en Alemania ¿cómo puedo blindar esta fase de la negociación y saber si quien envía los mensajes de datos es realmente el emisor con quien estoy realizando la negociación? La respuesta nos la brinda la misma tecnología: por medio de la firma electrónica.

4.3. La firma electrónica

¿La firma autógrafa escaneada es una firma electrónica? La respuesta es no. Inclusive no se recomienda el uso de una firma autógrafa escaneada combinada al uso de un documento electrónico. Este tipo de firmas no prueban que el emisor o receptor sean las personas con facultades legales en la empresa para negociar y concluir contratos. Para tener mayor certeza sobre la identidad de las personas por medio de uso de medios electrónicos, hay que diferenciar entre la firma electrónica y la firma electrónica avanzada. La firma electrónica admisible en México como prueba de juicio:

> Son los datos en forma electrónica consignados en un mensaje de datos, adjuntados o lógicamente asociados al mismo por cualquier tecnología, que son utilizados para identificar al firmante en relación con el mensaje de datos e indicar que el firmante aprueba la información contenida en el mensaje de datos, y que produce los mismos efectos jurídicos que la firma autógrafa[71].

---

71 *Ibid.*

Ejemplos de firma electrónica son los números que se generan como identificación personal (NIP) que es una llave que se comparte con el banco para realizar transacciones en cajeros automáticos o a través de Internet; otro ejemplo es la clave para entrar a la cuenta de un correo electrónico o algún servicio de pago en línea, así como las contraseñas generadas y que son de uso para acceder a otros servicios por Internet. Un ejemplo del uso de dicha firma en contratos electrónicos internacionales lo proporciona una página web (tipo Alibaba) en donde únicamente las dos partes tienen un nombre de usuario y clave de acceso (pudiendo ser una cuenta de correo electrónico o un *nickname* y un *password*). A partir de esta plataforma se puede trabajar desde países diferentes un contrato electrónico y pactar una compraventa internacional. La dificultad con este tipo de firmas sigue siendo la identificación de las partes, ya que el uso de dichas cuentas las puede realizar cualquier persona en una empresa o, incluso, tratarse de identidades falsas.

Por lo tanto, para la contratación internacional se recomienda el uso de la firma electrónica avanzada (FEA) o Fiable, misma que no se debe confundir con la firma electrónica avanzada o e.firma proporcionada por el Servicio de Administración Tributaria en México, que es una firma para ser usada en la administración pública mexicana, y que pudiera ser susceptible de ser usada en las transacciones internacionales. Mediante el uso de firmas electrónicas avanzadas la información encriptada garantiza la confidencialidad y autenticación de las partes (a diferencia de la firma electrónica simple), lo que fortalece la integridad del documento (el contenido no puede ser alterado) y el no repudio del mismo (no se puede desconocer al autor de la firma). La FEA utiliza la función *hash* criptográfica para garantizar estas funciones. El *hash* se define como una operación matemática que asocia un texto de extensión variable a un número de longitud fija (entre 128 o 160 bits) llamado resumen. Si el documento llegara a tener alguna alteración o modificación, por más mínima que sea, el *hash* cambia, manifestando que el documento ha cambiado.

Para concebir mejor este procedimiento, se podría comparar el *hash* de un documento con las huellas dactilares en los humanos, las cuales son irrepetibles. En ese sentido, un documento puede ser identificado por medio de su *hash* o huella dactilar, no existiendo otro similar en el mundo. Otra de las características de la FEA es que cuenta con un certificado, compuesto por mensajes de datos u otros registros que confirman el vínculo entre un firmante y los datos de creación de la firma.

Normalmente el certificado es proporcionado por una persona o institución pública que presta servicios relacionados con firmas electrónicas y se encuentran autorizados por los países donde están domiciliados. El certificador puede recabar los datos de la identidad de la persona (credenciales, huellas digitales, iris) y queda encriptada esta información cada vez que se utiliza la firma. Por lo que asegura que los datos de creación de firma corresponden fehacientemente al firmante y que se encuentran bajo su control exclusivo. Respecto a la aceptación de las FEA extranjeras, el Código de Comercio establece en su artículo 114 que:

> Todo Certificado expedido fuera de la República Mexicana producirá los mismos efectos jurídicos que un Certificado expedido en la República Mexicana si presenta un grado de fiabilidad equivalente a los contemplados en el mismo Código y toda Firma Electrónica creada o utilizada fuera de la República Mexicana producirá los mismos efectos jurídicos en la misma que una Firma Electrónica creada o utilizada en la República Mexicana si presenta un grado de fiabilidad equivalente.

Por lo tanto, cuando las partes acuerden entre sí la utilización de determinados tipos de firmas electrónicas y certificados para la contratación internacional, México reconocerá que ese acuerdo es suficiente.

CONCLUSIONES DEL TEMA

El uso masivo de la tecnología en la sociedad actual es una realidad que se ha potencializado en los últimos años, sobre todo a raíz de la pandemia y que no tiene marcha atrás. Lo anterior ha permitido la aparición de una atmósfera frente a la cual se deben explorar nuevas definiciones e interacciones diferentes a las tradicionales del mundo físico para adecuarlos al contexto actual del desarrollo del mundo digital.

El contrato electrónico internacional actualmente no se puede considerar un lujo para una empresa y por ello es indispensable su formación y conclusión, lo cual nos permite evitar riesgos innecesarios. Por lo que se sugieren las siguientes recomendaciones a manera de conclusión:

- Confirmar que el país donde se encuentra domiciliada la sociedad mercantil con la cual se va a llevar la transacción internacional cuente con la ratificación y entrada en vigor de la convención y que se acepte la libre forma para perfeccionar un contrato.
- Verificar que la legislación establezca el uso de medios electrónicos para el consentimiento de la voluntad en los contratos nacionales.
- Comprobar que ambas partes tengan contratados los servicios de un ente certificador de firmas electrónicas y que exista un proveedor de servicios de Internet (normalmente es el certificador) para poder firmar en línea o anexar a un documento la firma electrónica.

Pasar de la cultura del "papelito habla" al "documento electrónico habla" no es sencillo; sin embargo, se pueden optimizar los procesos de contratación internacional mediante la aplicación de la tecnología, ya que el eje esencial del mismo tiene su entorno en la utilización de tecnologías y procedimientos con un alto grado de seguridad. Corresponde a los gobiernos nacionales y al sector empresarial nacional fortalecer estrategias con miras a generar confianza en el uso masivo de las TIC en todas las actividades sociales.

5. *Formas y medios de pago internacional*

En la práctica de las transacciones internacionales el tema del pago es uno de los puntos álgidos y debe concretarse en la redacción final del contrato[72]. Dicho pago puede verse condicionado por diversos factores, tales como la confianza existente entre las partes, las necesidades de financiamiento o por alguna obligación legal respecto al comercio internacional, o por el control de cambios monetarios en un país determinado. Sin embargo, pocas veces se hace una reflexión a fondo por parte del vendedor o comprador del medio y la forma del pago, y en muchas de las ocasiones las transacciones internacionales operan sin la protección debida.

Pareciera que forma y medio de pago son conceptos similares, pero vale la pena ahondar en sus particularidades. En concreto, la forma de pago se define como los diferentes acuerdos tomados entre el vendedor y el comprador internacional para determinar el momento de pago del bien o servicio materia de la compraventa; está relacionado con los tiempos de entrega y/o embarque. Por otra parte, el medio de pago son los instrumentos proporcionados, en general por organismos bancarios, que permiten tener mayor certeza en el pago.

---

72 Ver Cambero Quezada, G. (enero-febrero, 2014). "El papel de los contratos en las transacciones comerciales internacionales", *Revista Dinámica Empresarial*, núm. 3.

5.1. La obligación legal de documentar el pago internacional en México

Para centrar mejor lo anterior, primero debemos considerar que el comprador mexicano tiene la obligación de demostrar el medio de pago internacional, el cual se establece en el artículo 59 fracción III de la Ley Aduanera, que dice:

> Quienes introduzcan o extraigan mercancías del territorio nacional deberán cumplir, sin perjuicio de las demás obligaciones previstas en esta Ley, con las siguientes: [...] III. Entregar a la agencia aduanal o al agente aduanal que promueva el despacho de las mercancías y proporcionar a las autoridades aduaneras una manifestación, bajo protesta de decir verdad, con los elementos que, en los términos de esta Ley y las reglas que para tal efecto emita el Servicio de Administración Tributaria, permitan determinar el valor en aduana de las mercancías. El importador deberá conservar en documento digital dicha manifestación y obtener la información, documentación y otros medios de prueba necesarios para comprobar que el valor declarado ha sido determinado de conformidad con las disposiciones jurídicas aplicables de esta Ley y proporcionarlos a las autoridades aduaneras, cuando éstas lo requieran.

Para fortalecer la seguridad jurídica del importador, el Reglamento de la Ley Aduanera completa y clarifica el artículo antes mencionado, en su artículo 81, el cual estipula que: "Para efectos de lo dispuesto en el artículo 59, fracción III, primer párrafo de la Ley, los elementos que el importador deberá proporcionar anexo a la manifestación de valor son los siguientes documentos: [...] **V.** En el que conste el pago de las Mercancías, tales como la transferencia electrónica del pago o carta de crédito".

Derivado de lo anterior, el no pactar correctamente la forma y medio de pago puede acarrear problemas con la autoridad aduanera, lo que podría tener consecuencias en la actividad financiera de la empresa, por lo que no se puede dejar a la deriva la forma y el medio de pago en la negociación internacional, y una vez realizada la operación internacional, se debe obtener la documentación del pago internacional, para lo cual se impone conocer los alcances y características de éste.

5.2. La forma de pago internacional

Primero debe verificarse si el exportador se encuentra en una postura en la cual le sea viable negociar y pactar una forma de pago beneficiosa para su exportación. Lo anterior implica realizar un análisis en cuanto al tamaño, volumen e importancia comercial entre exportador e importador. Por ejemplo, en general si el exportador tiene menor presencia en el mercado y menor reconocimiento que el importador y quiere iniciar un proceso de venta con ese grupo comercial, lo conveniente, en un principio, es aceptar la forma y medio de pago propuesto por este último; pese a lo anterior, se deben tomar las medidas mínimas para que el exportador obtenga su pago, de preferencia mediante una cobranza documentaria. Las formas de pago comúnmente aceptadas por los diferentes operadores del comercio internacional son:

- **El pago por adelantado:** es todo pago que recibe el vendedor por parte del comprador internacional antes de efectuar el embarque, ya sea terrestre, marítimo, ferroviario y/o aéreo, inclusive se puede solicitar antes de iniciar el proceso de producción o inicio de la prestación del servicio. Se puede afirmar que es uno de los sistemas más seguros para el vendedor (exportador), pues éste tendrá la obligación de liberar la mercancía, bienes o servicios cuando haya recibido el pago o transferencia de fondos por parte del comprador. Sin embargo, en ciertos mercados su uso es limitado, ya que requiere de una extrema confianza del comprador (importador) en el vendedor (exportador), por los riesgos que conlleva, sobre todo si no se ha pactado un contrato internacional.
- **El pago a la vista:** es conocido como pago contra documentos, y es el pago que recibe el vendedor una vez efectuado el embarque de los bienes, ya sea terrestre, aéreo, marítimo o ferroviario, contra la presentación al comprador de los documentos característicos de la mercancía o servicios, que normalmente se relacionan con el conocimiento de embarque, lista de empaque, guía

aérea o demás documentos de transporte, así como facturas de los gastos de transporte, seguros y gastos análogos que correspondan a la operación comercial.

- **El pago a plazo:** es el pago que recibe el vendedor después de haber transmitido los documentos de embarque e incluso después de haber recibido el comprador internacional los bienes o servicios. El plazo es convenido entre importador y exportador y normalmente se establece en función de la fecha de embarque, fecha de factura, fecha de presentación de documentos, lo que varía dependiendo de las costumbres comerciales de cada país o región comercial. Por ejemplo, en los países occidentales de la Unión Europea existe una tolerancia de 30 a 60 días de plazo para efectuar el pago al vendedor.

Existen otras formas de pago que tienen mayor aplicación en los mercados locales, ya que los riesgos de aplicarlos en un mercado internacional son altos.

5.3. El medio de pago internacional

Son instrumentos bancarios que permiten blindar de mejor manera una negociación de compraventa de bienes. Al igual que las formas de pagos, existen diversos medios, y el principal, reconocido porque brinda mayor seguridad en la transacción, lo constituye el crédito documentario o carta de crédito[73], donde un banco emisor ofrece su propio crédito y prestigio en lugar del crédito del comprador, que, en ocasiones, no se conoce su historial de pagos y sus prácticas comerciales. El funcionamiento de la carta de crédito es relativamente simple: el banco (emisor del crédito), en este caso a solicitud del importador se compromete a pagar, ya sea

---

73 Para más información ver Villalobos Torres, L. R. (2006). *Fundamentos de comercio internacional*. Editorial Miguel Ángel Porrúa.

a la vista (contra entrega de mercancía) o a plazo (entre 30, 60, 90 y hasta por 180 días) a un exportador (vendedor o beneficiario) la cantidad pactada por la compra en su cuenta bancaria (banco corresponsal), siempre y cuando se cumplan todos los términos y condiciones de la carta de crédito. Este documento determina el acuerdo previo entre las partes (con o sin contrato por escrito). El banco emisor debe comprobar que el comprador u ordenante tenga los fondos y las garantías suficientes para realizar la operación comercial. El banco emisor tiene la decisión de aprobar o rechazar la apertura de una carta de crédito en función de las características del importador.

En caso de aprobación, el banco corresponsal recibe por parte del banco emisor la carta de crédito, le notifica o confirma al vendedor o beneficiario, quien procede a realizar el embarque de la mercancía, para después exhibir los documentos de embarque de mercancía al banco corresponsal que le notificó la apertura de la carta de crédito. Este banco revisa los documentos, los términos y condiciones establecidos en la carta de crédito con la finalidad de proceder al pago oportuno.

Esta carta se considera como crédito *Stand by,* lo que significa que se establece una obligación que no puede revertirse, es irrevocable e independiente de la voluntad de los comerciantes, ya que sólo intervienen los bancos y se activa al presentar los documentos y queda vinculante o liga a todas las partes a su cumplimento. El procedimiento normal es que el banco emisor, a solicitud y por cuenta de su cliente emita el *Stand by* para garantizar al vendedor el cumplimiento del pago por parte del importador o comprador. Lo anterior se traduce en certeza y seguridad para las partes involucradas, ya que para una modificación o anulación se debe contar con el consentimiento de todos los implicados en el negocio internacional.

Las cartas de crédito, por su esencia, son completamente independientes del contrato de compraventa internacional o cualquier otro documento pactado entre las partes, sin embargo, se pude contemplar en el mismo contrato y deberá tramitarse respetando las condiciones especificadas en dicho documento. Además, una de las reglas para su cumplimiento es que no deben existir diferencias o discordancias entre la cantidad y el contenido de los documentos de la exportación con lo establecido en la carta de crédito. Se debe tener en cuenta que se están negociando documentos y no productos, y los bancos no tienen la responsabilidad de comprobar la legalidad de las firmas y la autenticidad de los documentos de exportación. En caso de que se envíen los documentos con alguna diferencia, el pago queda sujeto a que el ordenante (importador) acepte todas y cada una de las discrepancias.

Otra de las formas de pago internacional es la cobranza documentaria, en ella los riesgos corren por cuenta del exportador, pues el banco no toma responsabilidad alguna en el pago, únicamente es un medio para el cobro. El exportador de una mercancía debe requerir los servicios de un banco ubicado en su país (banco remitente o cedente) para que recaude el total del pago de una venta o servicio, entregándole los documentos originales obligatorios y las instrucciones de cobro (lo anterior se puede realizar por medio de pago, la aceptación de una letra de cobro o mediante la presentación de un pagaré). El banco cedente deberá usar los servicios de un banco corresponsal (cobrador), ubicado en el país del importador, al cual se le enviarán todos los documentos anteriormente citados para que este último los presente al girado (importador), quien recibe los documentos del banco comisionado para cobro (banco cedente) y paga el importe de la compra. El banco entrega únicamente los documentos sólo si el importador cumple con los términos y condiciones pactados por el cedente (vendedor). Este tipo de pago es aconsejable cuando no se quieren soportar los gastos de trámite de una carta de crédito y se ha investigado la solvencia del importador o comprador internacional.

Finalmente, se tiene la posibilidad de una transferencia u orden de pago interbancaria, este medio se debe utilizar para cubrir un pago por adelantado, ya que, de lo contrario, si el exportador remite la mercancía, la factura y los documentos de embarque al importador, éste debe esperar el pago en su cuenta bancaria, con los riesgos que esto implica, ya que podría no recibirse. Se recomienda que el exportador acepte este medio de pago, únicamente si tiene la confianza incondicional en su cliente, en la estabilidad económica y en el sistema legal del país del importador, además de la existencia de bancos serios para girar órdenes internacionales de pago. En la práctica será poco probable encontrar un caso en el que un importador, relativamente de mayor peso que el exportador, acepte costear los gastos antes de recibir mercancía de otro país.

CONCLUSIONES DEL TEMA

En conclusión, no existe mecanismo alguno que permita evitar el fraude o el impago justificado. La empresa debutante o confirmada en las operaciones económicas internacionales debe analizar los datos del importador y para lograr este objetivo existen compañías privadas que miden el riesgo internacional de una empresa y lo hacen saber al vendedor. También se debe analizar el entorno económico del país del importador, ya que una mayor estabilidad económica, política y social favorecen un pago internacional, de lo contrario, tanto empresas como bancos se verían en serias dificultades de asegurar la transacción. Además, antes de decidir el medio de pago, se deben tomar en cuenta los costos que implican la utilización de determinadas formas y medios de pago internacionales en relación con la posibilidad y el desarrollo de la empresa y del país en el cual se encuentra ubicada la misma. Se debe tener en cuenta la máxima de las operaciones internacionales: "tomar las medidas necesarias para evitar que surjan los problemas", sobre todo los relacionados con el pago. Por último, se recomienda que los usuarios de las formas y medios de pago pacten una cláusula de solución de conflictos por medio del arbitraje, con la finalidad de disminuir costos y, normalmente, buscar una solución rápida en caso de que se presente conflicto alguno.

6. La marca y el registro internacional

Otro de los factores para tener en cuenta en los procesos de internacionalización y comercialización de bienes y servicios es el derecho de un registro de marca, ya que las marcas son de gran importancia en el mercado nacional e internacional.

En la práctica, desde el momento en que una empresa nacional decide exportar un producto o servicio hacia otros puntos del orbe, se debe realizar un proceso de reflexión en torno a las exigencias internacionales y, sobre todo, la protección jurídica que esto conlleva para la empresa. Por regla general, el producto o servicio que se comercializa suele llegar a un mercado internacional a través de una red de distribución de ese país, que no presta mucha atención a los detalles de marca y en ese momento es donde pueden surgir los problemas, ya que no se ha realizado el estudio pertinente sobre la propiedad industrial y la marca, las cuales tienen reglas específicas de registro y protección en cada país. Debido a lo anterior, la verificación de la marca se impone, inclusive desde antes de enviar la mercancía al otro país, de preferencia en el momento de la negociación, esto nos evitará sorpresas y pérdidas importantes de dinero.

En la actualidad prácticamente todos los países pertenecientes a la Organización Mundial del Comercio (OMC) cuentan con un sistema de protección eficiente y seguro para las marcas, lo que ha modificado la forma de realizar negocios en diversos países, puesto que las empresas toman conciencia del valor de la marca para consolidar su visibilidad, reconocimiento y rentabilidad en un largo plazo.

6.1. La marca y sus características generales en México

Como introducción al tema, se impone primero una definición de la propiedad intelectual y sus ramificaciones. En México una de estas ramas son los derechos de autor: "conjunto de normas que regulan las prerrogativas y beneficios que las leyes reconocen y establecen a favor de los autores y de sus causahabientes por la creación de obras artísticas, científicas, industriales y comerciales"[74]. Otra rama es la propiedad industrial, encargada de normar los derechos adquiridos sobre invenciones de carácter inmaterial concernientes al sector industrial. Gracias a ésta, el titular obtiene derechos de exclusividad sobre sus invenciones registradas, las cuales quedan protegidas, convirtiéndose en verdaderos derechos de propiedad y permiten a su titular poder explotarlos o, según el caso, decidir quién puede usarlos. Esta rama comprende las patentes de invención, registros de modelos de utilidad, diseños industriales, esquemas de trazado de circuitos integrados, marcas y avisos comerciales; publicación de nombres comerciales; declaración de protección de denominaciones de origen e indicaciones geográficas y regulación de secretos industriales. Se encuentra regulada por la Ley Federal de Protección a la Propiedad Industrial de 2020.

Respecto a la marca, podemos establecer que es un carácter o signo que concede a una persona o sociedad comercial poder diferenciar la propuesta de productos o servicios profesionales de otros que pudieran ser semejantes o de orden equivalentes ofrecidos por otras personas o empresas. El artículo 171 de la Ley Federal de Protección a la Propiedad Industrial especifica que:

> se entiende por marca todo signo perceptible por los sentidos y susceptible de representarse de manera que permita determinar el objeto claro y preciso de la protección, que distinga productos o servicios de otros de su misma especie o clase en el mercado.

La marca (como símbolo visible) proporciona a los consumidores una referencia inequívoca sobre los productos o servicios

---

74 *Cf.* Rangel Medina, D. (1998). *Derecho intelectual*. McGraw-Hill-UNAM. Instituto de Investigaciones Jurídicas, colección Panorama del Derecho Mexicano, p. 2. Además, en México se encuentran regulados por la Ley Federal del Derecho de Autor de 1996.

ofrecidos, ya que representa la imagen corporativa de una estructura comercial y despierta en el consumidor ideas preconcebidas relacionadas con la calidad o algún desprestigio del producto o servicio.

El registro y la obtención de la titularidad de una marca proporciona a la persona o a la empresa la explotación única de ese distintivo o símbolo. Dicho derecho sobre la marca aparece con la simple utilización de ésta en el mundo de los negocios, inclusive sin tener un registro ante la institución correspondiente (por ejemplo, en los Estados Unidos de Norte América, el simple uso de un símbolo o signo distintivo —sin que exista uso o registro previo— otorga la titularidad de una marca a una empresa o persona y, en consecuencia, la prerrogativa de explotación). Siendo así, la competencia no podrá utilizar bajo argumento alguno dicho símbolo o signo distintivo para productos y servicios similares. Lo anterior se conoce como marca no registrada.

En nuestro país, la ley obliga a que se cumplan una serie de requisitos para que la marca sea susceptible de registro, lo que conlleva a su adecuada protección jurídica. Una vez aceptada en México por el Instituto Mexicano de la Propiedad Industrial (IMPI), la marca en cuestión puede ser susceptible para un registro internacional (inclusive se puede registrar en otro país atendiendo a los parámetros y leyes locales, pero todo dependerá del método de registro que se va a utilizar). Enumeramos los casos más importantes que podemos encontrar en la ley antes mencionada y que no se pueden registrar como marca:

A) Los nombres técnicos o de uso común de los productos o servicios que pretenden distinguirse con la marca, así como aquellas palabras, denominaciones, frases, o elementos figurativos que, en el lenguaje corriente o en las prácticas comerciales, se hayan convertido en elementos usuales o genéricos de los mismos; así como aquéllas que carezcan de distintividad: por ejemplo, palabras como aspirina, velcro, vaselina, termo, claxon, clínex, queso Oaxaca, entre otras expresiones, no son susceptibles de registro.

B) Las formas tridimensionales o diseños industriales que sean del dominio público o que se hayan hecho de uso común o aquellas que carezcan de distintividad; así como la forma usual y corriente de los productos, o la impuesta por su naturaleza o funcionalidad. En ese sentido, en el año 2007 una empresa productora de chocolates en Suiza intentó registrar como marca tridimensional bajo su propio nombre comercial, un típico conejo de chocolate con envoltura dorada y un listón rojo con un moño del que cuelga un cascabel. Por su parte, el Instituto Mexicano de la Propiedad Industrial (IMPI) determinó a dicha empresa suiza, como dificultad de registro, la existencia en México de varias marcas de conejos de chocolate registradas anteriormente por una empresa productora de chocolates en el país; y de todas ellas, sólo una de las marcas registradas señaladas era tridimensional (según consta en la *Gaceta de la Propiedad Industrial*), mostrando la vaga forma de un conejo de chocolate. Por tal motivo, en la resolución del IMPI que denegó el registro de un conejo como marca tridimensional de la empresa suiza, el dictaminador concluyó que tanto en la marca tridimensional registrada como en la propuesta para registro: "se presenta la figura de un conejo con orejas largas y sentado, por lo que aun y cuando presente variaciones entre uno y otro, a primer golpe de vista, sólo parecieran variantes marcarias procedentes de un mismo titular"[75].

C) Los hologramas que sean del dominio público y aquellos que carezcan de distintividad: consiste en crear imágenes que tienen un aspecto tridimensional. Para obtener este efecto se utiliza un rayo láser, que graba microscópicamente una película fotosensible y ésta, al recibir la luz desde la

---

[75] Extraído del sitio web Vadillo King. Consultado el 29/03/2022. Dirección electrónica: https://www.vadillo-king.com/2021/04/14/marcas-tridimensionales-cuya-forma-se-ha-hecho-de-uso-comun/

perspectiva adecuada, proyecta una imagen en tres dimensiones. En general las marcas holográficas las encontramos plasmadas en forma de etiquetas en bebidas alcohólicas, tarjetas de bancos, dispositivos tecnológicos, etcétera.

D) Los signos que, considerando el conjunto de sus características, sean descriptivos de los productos o servicios que pretenden distinguir. Por ejemplo, la expresión "algodón" no puede ser utilizada para la ropa de algodón, o describir una característica del producto o servicio: "cremoso", para hablar de un yogurt.

E) Las letras, los dígitos o su nombre, así como los colores aislados, a menos que estén combinados o acompañados de otros signos que les den un carácter distintivo. Por ejemplo, no se puede registras la letra A, B o C, o color azul, verde o rojo. En cambio, sí es posible registrar algo como: Tequila Rojo, Pasto B, Aceros Z, etcétera.

F) La traducción, la transliteración, la variación ortográfica caprichosa o la construcción artificial de palabras no registrables: la palabra francesa *maison*, que significa casa, o la palabra en inglés *rose* que significa rosa. O la palabra kanija, que es una variación de canija.

G) Los signos que sin autorización reproduzcan o imiten escudos, banderas o emblemas de cualquier país, estado, municipio o divisiones políticas equivalentes; las denominaciones, siglas, símbolos, emblemas, nombres de programas o proyectos o cualquier otro signo de instrumentos internacionales, organizaciones, gubernamentales, no gubernamentales, ya sean nacionales, extranjeras o internacionales, o cualquier otra organización reconocida oficialmente; así como la designación verbal de éstas.

H) En el mismo sentido, los signos que reproduzcan o imiten signos o sellos oficiales de control y garantía adoptados por un Estado, sin autorización de la autoridad competente, o monedas, billetes de banco, monedas conmemorativas o cualquier medio oficial de pago nacional o extranjero.

I) Los signos idénticos o semejantes en grado de confusión a las zonas geográficas, propias o comunes; los mapas, las denominaciones de poblaciones, o los gentilicios, nombres o adjetivos, cuando estos indiquen la procedencia de los productos o servicios y puedan originar confusión o error en cuanto a su procedencia: No se puede registrar un restaurante que se denomine "Puro mexicano", o la marca "100% Jalisco", "Feria de San Marcos", entre otros.

J) Los signos idénticos o semejantes en grado de confusión a las denominaciones de origen, indicaciones geográficas, o a las denominaciones o signos de lugares que se caractericen por la fabricación, producción o comercialización de determinados productos o servicios, cuando los productos o servicios solicitados sean idénticos o similares a estos o a los protegidos por las denominaciones de origen o indicaciones geográficas: No se puede usar "el Gran Tequila" , o la expresión "El mejor Sotol", "Aroma Café Chiapas", "Queso Manchego", etcétera.

K) Los nombres de lugares de propiedad particular, cuando sean especiales e inconfundibles y que se caractericen por la producción de determinados productos o el ofrecimiento de determinados servicios, sin el consentimiento del propietario: "Queso Cotija" para un producto de Monterrey, "Encanelado de Jala" para un producto producido en Chiapas, etcétera.

L) Los nombres, apellidos, apelativos o seudónimos de personas que hayan adquirido tal prestigio, reconocimiento o fama que al usarse puedan crear un riesgo de asociación, inducir al error, confusión o engaño al público consumidor, salvo que se trate de dicha persona o exista consentimiento expreso de la misma o de quien tenga el derecho correspondiente. Tampoco la imagen, la voz identificable, el retrato o la firma de una persona sin su consentimiento expreso o de quien tenga el derecho correspondiente.

M) Los nombres o denominaciones idénticos o semejantes en grado de confusión al título de una obra literaria o artística, así como la reproducción o imitación de elementos contenidos en ella, cuando dicha obra tenga tal relevancia o reconocimiento que el signo solicitado pueda ser susceptible de engañar al público o inducir a error por hacer creer infundadamente que existe alguna relación o asociación entre éste y la obra, salvo que el titular del derecho correspondiente lo autorice expresamente.

N) Los signos, frases, elementos de imagen, oraciones, avisos o nombres comerciales, susceptibles de engañar al público o inducir al error.

O) Los signos solicitados de mala fe. Se entenderá por mala fe, entre otros casos, el haber solicitado el registro de un signo con el propósito de obtener un beneficio o ventaja indebida en perjuicio de su legítimo titular.

Ante las necesidades de un mundo globalizado, podemos solicitar, también, el registro internacional de marca para extender la protección en diversos países por medio del procedimiento de registro único y original.

6.2. El registro internacional de una marca

Cabe preguntarse, ¿el registro de una marca en el ámbito nacional mexicano puede ser válido en el plano internacional? La respuesta es un contundente no, ya que el registro de una marca en un país en particular solamente proporciona derechos sobre la marca en esa nación. Existen casos de excepción si la marca es considerada como notoria[76], la cual se define por los autores

[76] En palabras de Francisco Javier Villacreses Real (2016): "Con la globalización, las marcas notoriamente conocidas adquieren cada vez mayor relevancia, pues las empresas dependiendo de la importancia

Zuccherino y Mitelman como "aquella que es conocida por casi la totalidad del público, consumidores o no, como identificando un producto determinado"[77] y agregan que:

> La marca notoria debe reunir dos requisitos fundamentales, por un lado, el conocimiento en la mayoría del público, independientemente de que sea consumidor o no y por el otro, la sola mención de la marca debe inducir al público a su asociación con el producto o servicio identificado[78].

Dichas marcas notorias tienen una exorbitancia con relación a la aplicación de las reglas locales del derecho de marcas. Así, al momento de realizar un registro de marca nacional también se debe considerar el aspecto internacional del registro de una marca, sobre todo en aquellos países en los cuales se comercializan estos productos o servicios. Lo anterior se logra mediante un "registro internacional" (aunque el termino es incorrecto, así lo mencionaremos para mayor claridad), el cual ahora es posible mediante la aplicación del Protocolo de Madrid[79] que proporciona la posibilidad de solicitar el registro de una marca de varios países o en todos los países que se encuentran adheridos al protocolo antes mencionado.

---

que pueda tener la marca en un mercado, realizan estrategias de marketing a nivel mundial, regional o local (pensar globalmente, actual localmente) con el propósito de consolidar en la mente del consumidor una identidad o imagen que les permita adquirir ciertos rasgos característicos y distintivos respecto de otros signos que identifican iguales productos o servicios". *La marca notoria en la CAN*. Ecuador. Ediciones Abya-Yala. p. 12.

77 Otamendi, J. (1997). *La marca notoria*. Citado por Daniel Zuccherino y Carlos Mitelman. *Marcas y Patentes en el Gatt*. Abeledo Perrot. p. 129.

78 *Ibidem*, p. 130.

79 Ver la *Guía para el Registro Internacional de marcas según el Arreglo de Madrid* y *el Protocolo de Madrid*, Organización Mundial de la Propiedad Intelectual. Suiza. 2009.

El término de marcas internacionales es un concepto materialmente inexistente (desde luego, hablando en términos legales), puesto que la protección de una marca únicamente es territorial o nacional[80], lo anterior implica que, al registrar una marca en México, solamente se otorgará protección jurídica en ese territorio. En sentido, una marca que obtiene un registro en el país o en el ámbito nacional por una determinada empresa o persona, no implica que de forma automática quedará protegida en otro país, ya que la misma marca en otro país podría pertenecer a otra persona física o moral.

Así, si la marca de México se comercializa en el otro país en el cual se encuentra registrada por otra persona podría enfrentarse a problemas legales, con la consecuencia de tener que asumir los costos del uso indebido de la marca. Aunque es frecuente cometer el error de nombrar los registros en diversos países como "marca internacional", es únicamente un uso impropio de los términos, aunque para fines del presente trabajo, se mencionará de esa forma y que a continuación analizaremos el proceso de registro en el ámbito internacional

El registro de la marca en un país extranjero se impone, sobre todo, si en el plan de exportación la marca representa el valor comercial agregado del producto respecto de la competencia. Además, si se llegan a detectar actos contrabando en un país determinado, y el producto cuenta con protección marcaria, gracias a los derechos otorgados con el registro de la marca se puede intentar detener dicho contrabando desde su fuente; esta protección también es muy útil en los casos en los que se solicita una licencia de exportación de la marca en otros países. Todo lo anterior tiene como objetivo permitir a la empresa crear una reputación de calidad y una imagen para sus consumidores

---

80 Esto de conformidad con el *Convenio de París para la Protección de la Propiedad Industrial* de 1883.

extranjeros, que se puede convertir en beneficios económicos importantes, además de los beneficios legales.

Existen varias opciones para realizar un registro de marca en otro país, y podemos encontrar los siguientes:

- **Registro de marca directamente en otro país**: La primera opción es acudir a solicitar el registro de una marca ante las oficinas nacionales designadas para ello en cada país en el cual se requiera solicitar el registro. Lo anterior implica que, si queremos registrar la marca en Francia, debemos seguir el procedimiento de registro de Francia, el cual tiene sus propias reglas y costos; se debe atender el proceso en el idioma local y el registro sería únicamente válido en Francia, independiente de cualquier otro país. Sin duda alguna, esto podría llegar a ser complejo y costoso (en función del tamaño de la empresa y sus intereses económicos), presentarse en las oficinas locales de registro y, en ocasiones, tener la representación de un mandatario local; por ejemplo, en Estados Unidos, es obligatorio tener un representante local acreditado para realizar registros de marca.
- **Registro de marca regional** (sólo aplica para algunos países): Algunos continentes han aprovechado la cercanía de los países para crear convenios que protegen la propiedad intelectual de manera regional. Tal es el caso de la oficina de Propiedad Intelectual de la Unión Europea, con sede en Alicante, España: este registro cubre 27 países y se realiza únicamente una solicitud. En caso de aceptarse el registro, el titular obtiene una Marca de la Unión Europea. Otro sistema de registro regional es la Organización Africana de la Propiedad Intelectual (OAPI), es la principal organización que vela por la protección de los derechos de propiedad intelectual en la mayoría de los países de habla francesa de África, y está formada por: Benín, Burkina Faso, Camerún, República Centroafricana, Chad, Comoras, Congo, Costa de Marfil, Gabón, Guinea, Guinea Ecuatorial, Malí, Mauritania, Níger, Guinea Bissau, Senegal y Togo. En particular,

el procedimiento integra un único registro de marca, la cual en automático se hace efectiva en todos los estados miembros, sin la posibilidad de designar solo algunos países. Una de las características del sistema es que los estados miembros no tienen leyes nacionales de propiedad intelectual.

También encontramos la Oficina de Marcas de Benelux, que se encuentra integrada por Bélgica, Países Bajos y Luxemburgo; y la protección se otorga únicamente en estos tres países en una sola petición de registro.

- **Registro de marca con el sistema denominado "internacional":** El sistema de marca "internacional" consiste en proteger una marca en los países que nosotros señalemos por medio de un registro único ante las autoridades de registro nacionales; a continuación, se analiza a profundidad.

6.3. El sistema de registro internacional de marcas (sistema de Madrid)

Para tener el beneficio de este sistema, el país de origen de la persona o sociedad debe ser parte o firmante del sistema de la "marca internacional" o denominado Sistema de Madrid [81]. El Sistema de Madrid tiene como base el Protocolo de Madrid sobre el registro internacional de marcas, el cual es un Tratado gestionado por la Organización Mundial de Propiedad Intelectual (OMPI), en Ginebra, Suiza. México se adhirió el 19 de noviembre de 2012 y entró en vigor el 19 de febrero de 2013. Aunque la adhesión es relativamente reciente, aún se conoce poco sobre este medio de registro en los ámbitos académicos, empresariales y de servicios jurídicos.

---

[81] El Sistema de Madrid surge de dos tratados internacionales: el Arreglo en 1891 y el Protocolo de Madrid en 1989, relativo al registro internacional de marcas. A diferencia de otros países, México únicamente ha ratificado el Protocolo.

Antes de la implementación del sistema de Madrid, la única forma de obtener la protección de la marca fuera del país era solicitando en cada nación, de forma separada, el registro de la marca conforme lo requiera el solicitante y en función de sus intereses. En consecuencia, este procedimiento implicaba tiempo y costos elevados, toda vez que es necesario conocer el marco legal de cada país para llevar el registro (de acuerdo con las estimaciones del OMPI, existen en el mundo aproximadamente 200 oficinas habilitadas para el registro de marcas). En algunos países hay que tener en consideración el pago de honorarios de los representantes del registro de la marca, así como una posible traducción oficial a nuestro idioma en cada una de las solicitudes. Por tal razón, el camino se puede volver difícil, sobre todo para una pequeña y mediana empresa que desea proteger su marca en diversos países.

En cambio, el sistema de Madrid es simple, ya que permite proteger la marca en todos los países miembros del sistema que seleccione el interesado (en 2022 se encontraba compuesto por 110 países, lo cuales representan 80 por ciento del comercio mundial[82]), y la originalidad del sistema es que únicamente se requiere una solicitud de registro, ante una sola oficina u organismo nacional, con una misma lengua hablada, además, concentra la posibilidad de un pago único para los países elegidos en donde se desea tener algún derecho de registro[83] (a diferencia de tener que solicitarlo país por país) y con tiempos de espera armonizados en el mismo procedimiento para que sea otorgado o rechazado el registro. El titular de una marca de comercio tiene la posibilidad de obtener la protección de su marca en varios países depositando una

82 Países que forman parte del sistema internacional de registro de marcas: http://www.wipo.int/export/sites/www/treaties/es/documents/pdf/madrid_marks.pdf

83 Para conocer los pagos del trámite ver: http://www.wipo.int/madrid/es/fees/sched.html

sola solicitud (en francés, inglés o español) directamente desde la oficina nacional competente para el registro de marcas. Una vez realizada la solicitud, el OMPI envía la marca para su examen a los países correspondientes y puede ser aceptada en algunos y rechazada en otros (todo dependerá de las reglas internas y requisitos para el registro de marcas).

Los requisitos para el registro de una marca internacional se encuentran establecidos en el Protocolo de Madrid de 1989, el cual indica los siguientes criterios[84] cuando la solicitud se lleva a cabo desde México:

1) Tener un establecimiento industrial o comercial efectivo y real en territorio mexicano, o residir en México o ser de nacionalidad mexicana. También, el Protocolo de Madrid autoriza la realización de un registro de marca desde otros países adheridos al sistema, o bien, por un extranjero, residiendo en México (ya que nuestro país es parte del sistema de Madrid).

2) En México, la solicitud se deberá iniciar ante el IMPI, en idioma español y se puede presentar en cualquier momento. El Protocolo establece una prerrogativa para el peticionario de un "derecho de prioridad" de seis meses a partir de la fecha de solicitud de su marca en México, en caso de que después se presente una solicitud similar en otro país, y así evitar que dichas solicitudes presentadas durante este intervalo de tiempo en los diferentes países elegidos tengan efectos hasta resolver el otorgamiento de derechos a nuestra solicitud.

---

84 Protocolo de Madrid. OMPI. Consultado el 30/03/2021: https://www.wipo.int/export/sites/www/madrid/es/legal_texts/pdf/madrid_protocol.pdf

3) Si la solicitud de marca es aceptada en un país o países determinados, el OMPI procede a su registro y le asigna un número internacional, que no se debe confundir con el número de registro internacional que asigna el OMPI antes de que sea enviado a las oficinas nacionales de cada país designado para que examinen la petición. En caso de que el registro sea rechazado por uno o varios países, se tiene la opción de agotar todos los recursos que otorga cada nación, ya sea para defender los derechos que se pretende obtener o hacer valer argumentos de registro en cada lugar. Cabe aclarar que en esos casos se debe proceder de la forma clásica, es decir, con un representante en cada país que rechazó la petición.

Se establece que el registro se concede sólo en los países que aceptaron la marca, en el cual se protege su vigencia por 10 años y se puede renovar el derecho a través de un procedimiento único de forma indefinida, por lo que también se tienen que prever los costos de renovación en el presupuesto de la empresa, que en ocasiones resulta más dispendioso que el registro inicial. A continuación, analizaremos el registro que se encuentra previsto por la norma internacional.

6.4. El procedimiento de solicitud de marca internacional

Con base en el protocolo de Madrid, se describe de forma concisa el procedimiento de solicitud de marca:

1) El interesado deberá seleccionar los países en los cuales tendría el interés de obtener la protección de su marca del listado de países que han ratificado el protocolo, ya que es una condición inicial para presentar la solicitud internacional.

2) Debe verificar que la marca que desea registrar se encuentre disponible y sea válida en los países que se seleccionan. Al respecto el OMPI tiene un registro internacional de las marcas que se encuentran registradas en las oficinas de cada país contratante del Sistema de Madrid.

3) La solicitud de marca internacional es presentada en la OMPI por intermedio de la oficina nacional competente[85], la redacción se debe realizar en cualquiera de los idiomas permitidos en el protocolo[86]: español, francés o inglés.

4) Se debe completar el formulario de depósito de marca internacional proporcionado por la oficina local de registro de marcas, el formulario que deberá contener:

> entre otros elementos, una reproducción de la marca (que debe ser idéntica a la que figure en el registro de base o en la solicitud de base) y una lista de los productos y servicios para los que se pide protección, clasificados de conformidad con la Clasificación Internacional de Productos y Servicios (Clasificación de Niza)[87] además del listado de países donde se quiera la protección y reproducción de la marca.

---

85 "Por Oficina de origen se entiende la Oficina de la Parte Contratante respecto de la cual una persona física o jurídica cumple con uno o varios de los requisitos antes mencionados. Una marca puede ser objeto de registro internacional si ha sido previamente registrada o si se ha solicitado su registro en la Oficina de origen. Ahora bien, si la solicitud internacional se rige exclusiva o parcialmente por el Arreglo, la marca sólo puede ser objeto de registro": *Guía para el Registro Internacional de marcas según el Arreglo de Madrid y el Protocolo de Madrid. op. cit.*

86 "Toda solicitud internacional se redactará en español, en francés o en inglés, según prescriba la Oficina de origen, en el entendimiento de que esa Oficina puede permitir a los solicitantes elegir entre el español, el francés y el inglés": Regla 6 del *Reglamento Común del Arreglo de Madrid relativo al Registro Internacional de Marcas y del Protocolo concerniente a ese Arreglo.*

87 *Cfr.* artículo 3 del Protocolo concerniente al Arreglo de Madrid relativo al Registro Internacional de Marcas de 27 de junio 1989.

5) Después, se procede al pago de tasas de solicitud establecidas por la OMPI[88], que varía en cada país. Por regla general, pasando una semana de haberse realizado el pago, la OMPI envía el comprobante de pago.

7) La OMPI examina el expediente y, en su momento, puede formular objeciones en caso de existir; debe analizar la petición y verificar la pertinencia y clasificación de productos o servicios, indicando por correo electrónico al interesado si la solicitud presentada contiene irregularidades y envía una copia de la advertencia a la oficina nacional competente. En un plazo no mayor de tres meses después de la recepción del correo de confirmación de la OMPI, y en caso de que existieran, se deben responder a las eventuales objeciones realizadas por la OMPI, esto con la finalidad de corregir los errores indicados, y en caso de no contestar a los señalamientos la solicitud será declarada abandonada. La contestación a las irregularidades detectadas se hace a través de la oficina nacional, en este caso el IMPI se encarga de enviar las correcciones a la OMPI en Suiza.

8) La OMPI procede a la apertura de un expediente de la marca y remite un certificado de registro, sin otorgar aún derechos, e inmediatamente la OMPI le asigna un número internacional de registro (pero aún sin otorgar derechos sobre la marca); y se procede a la inscripción en el Registro internacional y se publica en la Gaceta de la OMPI para generar el "privilegio" de los 6 meses que tiene el solicitante, pero aún la marca no ha sido registrada.

---

88 "Todos los pagos a la Oficina Internacional previstos en el presente Reglamento se efectuarán en moneda suiza, con independencia de que, cuando una oficina abone las tasas, tal oficina pueda haber recaudado esas tasas en otra moneda": Regla 35 del *Reglamento Común del Arreglo de Madrid relativo al Registro Internacional de Marcas y del Protocolo concerniente a ese Arreglo.*

9) Es en este momento que la OMPI envía la solicitud de registro de la marca à la oficina nacional correspondiente en cada Estado para el examen de ésta, y en un plazo máximo de 18 meses contados a partir de su notificación de envío, cada país debe examinar la marca de conformidad con su marco jurídico nacional y, en caso de que contravenga las leyes nacionales, se podría negar el registro.

10) No hay que descartar la posibilidad de oposición de un tercero, es decir, que otro interesado tenga derechos adquiridos sobre la marca, ya sea que tenga un registro otorgado o se encontraba previamente a nuestra solicitud en proceso de registro. En caso de presentarse una oposición, el procedimiento se desarrolla de acuerdo con la legislación del país en controversia con el derecho de marca.

De forma general, el procedimiento es relativamente sencillo, sin embargo, se recomienda el acompañamiento de expertos en registro de marcas para tener mayor éxito en nuestros registros "internacionales".

6.5. Las desventajas del sistema de Madrid

A pesar de las facilidades que representa el Sistema de Madrid, tiene algunas posibilidades de mejora. Primero, cabe mencionar que durante los cinco años después de la solicitud de registro, la marca internacional se encuentra vinculada al registro o solicitud nacional del país en la cual fue concedida, lo que implica que durante ese tiempo ocurre una afectación registro nacional de base, también tendrá una afectación inmediata en la marca internacional. También, si en ese periodo se lleva a cabo una acción legal contra la marca con registro nacional que pudiera afectarla, se verán afectados los derechos adquiridos de marca internacional. Lo anterior se conoce como ataque central, es decir, la oficina de origen de registro tiene el deber de notificar a la oficina Internacional, es decir, a la IMPI, de las afectaciones que pudiera tener la marca, así como el cese de efectos o denegación de derechos y, en su caso, solicitar la revocación del registro internacional. La revocación será publicada en la Gaceta de la OMPI y, además, se notificará a los interesados (oficina nacional y parte afectada)[89]. De acuerdo con algunos autores:

> si el registro internacional es cancelado por el Ataque Central, el propietario del registro internacional puede solicitar el registro de la misma marca con las oficinas de todas las partes contratantes designadas donde el registro tenía el efecto y cuya designación fue regida por el Protocolo de Madrid dentro de tres meses después de que el registro internacional fuera cancelado por el Ataque Central[90].

En ese sentido, los países miembros del Sistema de Madrid y las partes no firmantes del Protocolo han fundamentado que este resultado puede conducir a situaciones injustas, como por ejemplo que un registro otorgado en determinado país que sirve de base para uno internacional pueda ser cancelado por motivos legales que exclusivamente son justificados en el país de ese registro nacional, pero no en el resto de los países seleccionados.

CONCLUSIONES DEL TEMA

En conclusión, y como resultado de procesos más simplificados y de menor costo, este sistema mundial de protección de marca otorga la posibilidad a un gran número de empresas poder proteger la marca de sus productos o servicios, sobre todo las pequeñas y medianas empresas que, de otra manera, no tendrían la posibilidad de hacerlo. Desde la óptica mexicana, el registro de marca es un activo inmaterial de gran importancia y que se debe considerar siempre su registro y así optar por la protección

---

89 *Guía para el Registro Internacional de marcas según el Arreglo de Madrid y el Protocolo de Madrid, Organización Mundial de la Propiedad Intelectual. op. cit.* p. 6.

90 Asfand Ali, C. (2008). *Analysis on the impact of Madrid Protocol for the economies of developing countries. Tokyo.* WIPO.

en México (si únicamente comercializa el bien o servicio en México) o la protección del registro internacional en caso de que su producto o servicio sea propuesto o comercializado en diversos países del orbe, empezando con la realización de una búsqueda detallada del uso de la marca en los diferentes países que requiere su registro, y teniendo como regla realizarlo antes de iniciar la exportación de algún producto o servicio.

Además, el Sistema de Madrid puede ser utilizado para obtener protección en diversos países que no hacían parte del mismo al momento de presentarse la solicitud de registro internacional inicial y que posteriormente firmaron el protocolo. El peticionario podrá, en función de sus intereses y necesidades comerciales, por ejemplo, solicitar la renovación de su marca en algunos territorios y descartar aquellos en lo que ya no tenga intereses económicos, todo esto con el propósito de explotar de forma más organizada y efectiva la marca y vigilar que ninguna otra entidad comercial haga uso de ésta o la copie para productos o servicios idénticos, generando una confusión en el mercado.

7. *El marco legal del comercio electrónico*

Otro de los aspectos a considerar en el blindaje jurídico global, y que se ha visto acelerado por la pandemia de COVID-19, es el comercio electrónico, el cual representa una gama interesante de posibilidades para vender o adquirir bienes o servicios ofrecidos por proveedores que se encuentran en diferentes regiones del planeta, por lo que se deben tomar en cuenta algunas consideraciones esenciales del comercio electrónico y sus regulaciones para enfrentar la internacionalización de una forma más efectiva[91]. Sin duda alguna, el uso actual de los medios tecnológicos en el sector empresarial ha disminuido las barreras físicas o geográficas en el comercio internacional, contribuyendo a acelerar el fenómeno de la interacción comercial de forma global, dando paso incluso al cierre de comercios físicos, ya que la sociedad ha comenzado a privilegiar los comercios electrónicos, que no conocen las barreras geográficas. Cabe mencionar que la empresa que coloca su página web en Internet podrá llegar a personas en cualquier parte del planeta, e inyecta a su actividad económica vínculos de trascendencia mundial. Lo anterior implica que se debe poner atención en diversos rubros, ya que no sólo se debe respetar las normas locales sino también se debe poner énfasis en las reglas internacionales en la materia.

Así, el comercio electrónico (*e-commerce*) se refiere "a todas las transacciones comerciales realizadas o basadas en sistemas electrónicos de procesamiento y transmisión de información,

---

91 Ver Llaneza González, P. (2004). *E-contratos: modelos de contratos, cláusulas y condiciones generales comentadas.* Editorial Bosch.

especialmente EDI *(Electronic Data Interchange)*"[92] e Internet (*Interconnected networks*). Hoy en día, la intercomunicación se ha demostrado como un medio efectivo, sobre todo, para enfrentar situaciones como la recién vivida pandemia, pero también implica tomar en cuenta aspectos jurídicos relevantes para tener éxito en nuestras transacciones por estos medios tecnológicos.

Las cifras hablan por sí solas sobre este fenómeno, ya que de acuerdo con los datos que proporciona la Asociación de Internet mexicana[93], las transacciones del comercio electrónico en México representaban en 2020 la cifra de 32.79 billones de USD (aproximadamente 631.71 miles de millones de pesos) y se constata que 8 de cada 10 usuarios de Internet mexicanos realizaron una compra online durante el último año[94], y del total de los usuarios, 40 por ciento compró un producto en línea en el extranjero[95]. Se aprecia también que la mayoría de los pagos se realizaron con fondeo de una cuenta bancaria tipo tarjeta de crédito, tarjeta de débito, PayPal, transferencia bancaria, etcétera.

---

92 Existen diversas definiciones de EDI (intercambio electrónico de datos) y se refiere a la transmisión electrónica de datos de una computadora a otra, que está estructurada bajo normas técnicas convenidas al efecto. La Comisión de las Comunidades Europeas, por su parte, lo concibe como "el intercambio o transferencia de datos preparados o formateados de manera estándar entre las diferentes aplicaciones que funcionan en los ordenadores de asociados comerciales con un mínimo de intervención manual". Ver "Aspects de L.E.D.I.". *Commission des Communautés Européennes. D.G. Télécommunications industries de l´information et innovation.* FR/89/1. EUR 11883 FR. p. 12. Citado por Carrascosa López V. y otros en: (2000) "La contratación informática: el nuevo horizonte contractual". *Los contratos electrónicos e informáticos.* Editorial Comenares. pp. 94-95.

93 Estudio de comercio electrónico en México 2017. Septiembre. Recuperado el 21/02/2018. Disponible en: https://www.asociaciondeinternet.mx

94 *Ibidem.*

95 *Ibid.*

Sin embargo y a pesar de los avances, se aprecia que el comercio electrónico aún genera incertidumbre y riesgos para algunos usuarios, ya que prácticamente no se tiene interacción con personas físicas y, en muchas de las ocasiones, se encuentran en otra parte del orbe, teniendo en consecuencia relaciones "virtuales" con el proveedor y/o consumidor. Sobre todo, se encuentra a la orden del día la preocupación de la seguridad de información y que el producto y/o el servicio puedan llegar hasta el comprador sin complicaciones o sorpresas. Ante este panorama de crecimiento del comercio electrónico, se puede constatar que no ha sido acompañado por un marco jurídico integral y completo, ya que la legislación nacional e internacional en ocasiones es rebasada por la tecnología. En el presente capítulo, se establecen las bases generales del marco jurídico del comercio electrónico en México, así como sus características en el ámbito internacional, para que si llegado el momento de celebrar alguna transacción internacional, se consienta, preste o reciba algún servicio o adquiera un bien por medios electrónicos a una empresa localizada en otro país, y contar con la mínima de protección jurídica, ya que el comercio electrónico demanda un acercamiento legal con coherencia y coordinada internacionalmente, lo que evitará tener problemas futuros.

7.1. Definición y regulación del comercio electrónico

La Organización para la Cooperación y el Desarrollo Económicos (OCDE) ha definido el comercio electrónico como "el proceso de compra, venta o intercambio de bienes, servicios e información a través de las redes de comunicación"[96]. La legislación mexicana acepta que "en los actos de comercio y en la formación de los mismos podrán emplearse los medios electrónicos, ópticos o cualquier

---

96 *Electronic Commerce.* Recuperado el 04/05/2018. Disponible: http://www.oecd.org/development/electroniccommerce.htm.

otra tecnología"[97]. En ese sentido, la legislación nacional sigue el criterio denominado como "equivalencia funcional", es decir, busca que los documentos y transacciones electrónicas sean equiparados a los tradicionales que normalmente son producidos en un soporte de papel, mediante el cumplimiento de requisito tecnológicos como lo es la confiabilidad y estabilidad de la operación comercial.

7.1.1. Marco legal de protección general

En ese sentido, a nivel federal existen distintas leyes de protección al comercio electrónico, entre ellas, la Ley Federal de Protección de la Propiedad Industrial[98], que como lo vimos anteriormente, regula lo concerniente a las marcas y signos distintivos que pueden tener su origen en el uso de los nombres de dominio (nombre de páginas web) u otras figuras que se establecen para proporcionar visibilidad y posicionamiento de la página de Internet. También, se encuentra la ley Federal del Derecho de Autor, la cual protege el contenido (original y propio) que se establece dentro de una página de Internet desde el momento en que se plasma, pueden ser imágenes, literatura, investigaciones, esquemas, etcétera. La ley Federal de Protección al Consumidor[99] es otro marco normativo, ya que regula la oferta de promociones y contenidos comerciales a través de medios electrónicos, evitando que generen confusión o engaño a los consumidores.

Pero sin duda alguna, son el Código de Comercio y los Códigos Civiles los que regulan de forma contundente las transacciones comerciales y el intercambio de datos e información

---

97 Artículo 89 párrafo 3 del Código de Comercio mexicano.

98 Articulo 88 y 89.

99 Capitulo VIII Bis "*de los derechos de los consumidores en las transacciones efectuadas a través del uso de medios electrónicos, ópticos o de cualquier otra tecnología*".

entre usuarios por medios electrónicos, también materializan el consentimiento de ambas partes al momento de llevar dicha operación comercial. Finalmente, la Norma Oficial Mexicana NOM-151-SCFI-2002 regula las prácticas comerciales y los requisitos que deben observarse para la conservación de mensajes de datos por parte de los comerciantes y los usuarios (lo anterior incluye contratos, convenios o compromisos y que en consecuencia originen el surgimiento de derechos y obligaciones, y cuyo contenido debe mantenerse íntegro e inalterado a partir del momento en que se generó por primera vez en su forma definitiva, debiendo ser accesible para su ulterior consulta)[100].

7.1.2. Marco legal del perfeccionamiento del comercio electrónico

El Código de Comercio, establece que:

> los convenios y contratos mercantiles que se celebren [...] mediante el uso de medios electrónicos, ópticos o de cualquier otra tecnología, quedarán perfeccionados desde que se reciba la aceptación de la propuesta o las condiciones con que ésta fuere modificada[101].

En este sentido, la ley contempla a los medios electrónicos como un recurso para la perfección del consentimiento entre las partes en un acto de comercio. Por lo cual, en el momento de oprimir el botón que despliega nuestra computadora o aparato tecnológico en la aceptación de las condiciones de ventas o la aceptación del precio, se está perfeccionando un contrato o convenio mercantil.

---

100 "Introducción a la Norma Oficial Mexicana NOM-151-SCFI-2002". *Prácticas comerciales-Requisitos que deben observarse para la conservación de mensajes de datos.* Consultado el 31/03/2022. Disponible: https://www.dof.gob.mx/nota_detalle.php?codigo=727725&fecha=04/06/2002

101 Artículo 80 del Código de Comercio mexicano.

El mismo Código completa el marco de protección jurídica en el artículo 89 Bis, el cual establece que "no se negarán efectos jurídicos, validez o fuerza obligatoria a cualquier tipo de información por la sola razón de que esté contenida en un mensaje de datos". En otras palabras, en México la comunicación de índole comercial por medios electrónicos tiene los mismos efectos que la comunicación comercial escrita. Esto forma un triángulo en la relación comercial entre el destinatario (proveedor), emisor (comprador) y los mensajes de datos como la información enviada o recibida. Ejemplo de ello es la compra de una máquina para construcción por medio de Internet, en donde el emisor (comprador) es la persona que a través de su computadora, Smartphone o tableta accede a la página web del destinatario (proveedor), y después de seleccionar su producto y aceptar las condiciones de dicha compañía, envía una serie de datos, tanto personales como de su tarjeta de crédito o débito (mensaje de datos) al sistema informático de la compañía o al departamento de cobro del proveedor, el cual acepta, configurando la compraventa.

En ese sentido y siguiendo el espíritu de las leyes mexicanas, el mismo Código establece la obligación de recibir un acuse de recibo del mensaje de datos[102], una de las formas es el envío al correo electrónico (actualmente se puede acompañar de un mensaje de texto en una aplicación) del cliente (comprador), la confirmación del pago y el método de envío del equipo. Además, existe la obligación para ambos de conservar el Mensaje de Datos íntegro, seguro, completo e inalterable respecto a la información contenida[103] y regulado en la norma NOM-151-SCFI-2002. Finalmente, el acto jurídico se configura y perfecciona con la expedición del Mensaje de Datos, y la ley establece que:

---

102 Artículo 92 del Código de Comercio mexicano.

103 Artículo 93 Bis del Código de Comercio mexicano.

> salvo pacto en contrario entre el Emisor y el Destinatario, el Mensaje de Datos se tendrá por expedido en el lugar donde el Emisor tenga su establecimiento y por recibido en el lugar donde el Destinatario tenga el suyo[104].

Terminando el proceso de transacción comercial, dando lugar a un verdadero acto jurídico de compraventa.

Además, el Código Civil Federal dispone que el consentimiento "será expreso cuando la voluntad se manifiesta verbalmente, por escrito, por medios electrónicos [...]"[105]. En ese sentido, la normal civil mexicana permite la aceptación por una persona al realizar una compraventa por un medio electrónico en México.

Cabe añadir que el artículo 210-A del Código Federal de Procedimientos Civiles reconoce como prueba en un juicio "la información generada o comunicada que conste en medios electrónicos, ópticos o en cualquier otra tecnología". Es decir, la información generada por la vía electrónica (Internet, comercio electrónico y análogos) se presenta en juicio en caso de un conflicto entre el comerciante y el usuario del servicio.

7.2. La protección al consumidor en ambientes tecnológicos

Las compras de productos y servicios por Internet o en línea, sin duda alguna, representan un atractivo para los usuarios por la facilidad de acceso y compra. Sin embargo, es importante que los "ciber consumidores" sean conscientes de los riesgos y puedan tomar precauciones para evitar ser víctimas de prácticas comerciales fraudulentas o, en caso de serlo, utilizar los mecanismos de protección proporcionados por organismos nacionales e internacionales.

---

[104] Artículo 91 Bis del Código de Comercio mexicano.

[105] Artículo 1803, fracción I, del Código Civil Federal.

7.2.1. El marco de protección nacional

En el ámbito nacional, los proveedores deberán atender las siguientes disposiciones en las relaciones con los consumidores en caso de transacciones efectuadas a través del uso de medios electrónicos, ópticos o de cualquier otra tecnología, ya que existen consecuencias legales establecidas en la Ley Federal de Protección al Consumidor. En el primer artículo establece que debe existir una "real y efectiva protección al consumidor en las transacciones efectuadas a través del uso de medios convencionales, electrónicos, ópticos o de cualquier otra tecnología y la adecuada utilización de los datos aportados", como principio básico en las relaciones de consumo. Además, la ley en mención señala en su artículo 76 Bis lo siguiente:

A) El proveedor utilizará la información proporcionada por el consumidor en forma confidencial, por lo que no podrá difundirla o transmitirla a otros proveedores ajenos a la transacción.

B) El proveedor utilizará alguno de los elementos técnicos disponibles para brindar seguridad y confidencialidad a la información proporcionada por el consumidor e informará a éste, previamente a la celebración de la transacción, de las características generales de dichos elementos.

C) El proveedor deberá proporcionar al consumidor, antes de celebrar la transacción, su domicilio físico, números telefónicos y demás medios a los que pueda acudir el propio consumidor para presentarle reclamaciones o solicitar aclaraciones.

D) El proveedor evitará las prácticas comerciales engañosas respecto de las características de los productos y brindará una descripción veraz de las características de los productos, para que el consumidor pueda tomar una decisión de compra bien informada.

E) El consumidor tendrá derecho a conocer toda la información sobre los términos, condiciones, costos, cargos adicionales, en su caso; así como formas de pago de los bienes y servicios ofrecidos por el proveedor.

A nivel nacional falta reforzar el marco legal de protección al consumidor por medios electrónicos, sobre todo para perseguir y sancionar aquellas páginas fraudulentas o engañosas. Por otra parte, al generar nuestra tienda en línea, debemos cumplir con los lineamientos legales y ofrecer al consumidor mexicano todas las garantías de que recibirá el producto que está solicitando.

Sabemos que no todas las relaciones comerciales se realizarán con usuarios mexicanos, también existe la posibilidad de tener transacciones con usuarios o empresas extranjeras y, aunque la protección es mínima, existe una regulación jurídica tendiente a la protección del consumidor.

7.2.2. El marco de protección internacional

Prácticamente se sigue la misma lógica de la protección nacional y tiene su respaldo en textos internacionales reconocidos por México, en particular la Ley Modelo de la Comisión de las Naciones Unidas para el Derecho Mercantil Internacional sobre Comercio Electrónico y la Convención de las Naciones Unidas sobre la Utilización de las Comunicaciones Electrónicas en los Contratos Internacionales de 2005, las cuales tienen como finalidad "establecer normas para la formación y la validez de los contratos concertados por medios electrónicos, para la atribución de los mensajes de datos, para el acuse de recibo y para la determinación del lugar y hora en que se envíen y reciban los mensajes de datos".

El legislador mexicano ya ha integrado algunos principios de la Ley Modelo, y en relación con la Convención sobre Comunicaciones Electrónicas, se establece el principio general de que no se negará validez a una comunicación solamente porque se haya realizado por medios electrónicos (artículo 8). En especial, y debido a la proliferación de los sistemas automatizados de mensajes, la Convención reconoce la fuerza ejecutoria de los contratos celebrados a través de esos sistemas, inclusive cuando ninguna persona física haya revisado los actos realizados a través de los sistemas (artículo 12). Desgraciadamente México aún no ha firmado ni ratificado la Convención antes mencionada, pero es un precedente importante en la protección de los derechos del consumidor.

Para reforzar estas medidas de protección internacional, desde abril de 2001 se creó *econsumer.gov* en respuesta al fraude multinacional que se genera por Internet. La plataforma reúne a 40 organismos de diferentes países con la finalidad de mejorar la seguridad de los consumidores y la confianza en el comercio electrónico del cual México es parte. De acuerdo con la página de *econsumer.gov* el proyecto tiene entre los componentes:

> Un sitio web público en varios idiomas que permite a los consumidores presentar quejas transfronterizas. Actualmente está disponible en inglés, francés, alemán, coreano, japonés, polaco, español, portugués, y turco, y a través del sitio web permite a los aplicadores de la ley de todo el mundo compartir y acceder a datos de quejas de los consumidores y otros datos de investigación. La plataforma Consumer Sentinel Network de la Comisión Federal de Comercio de Estados Unidos es el mismo servidor de este sitio web seguro[106].

El procedimiento es relativamente sencillo, las quejas son recibidas en el mismo portal y son compartidas con los participantes responsables de hacer cumplir las leyes de protección al consumidor en los países que se han adherido al sitio web. El sistema propone realizar un reporte de queja cuando existe un problema en las compras internacionales en línea, cuando no se obtienen los productos que se pretendía adquirir, si llegan dañados, cuando no ha sido posible resolver el problema contactando al proveedor en las transacciones internacionales o, simplemente, denunciar

---

[106] Disponible en: *econsumer.gov* (consultado el 23/07/2023).

un fraude o telemercadeo no deseado. Además de proponer un directorio para la Resolución Alternativa de Disputas, en caso de que la queja no sea procedente o el país donde se encuentre la empresa en disputa no dé continuidad a la misma.

CONCLUSIONES DEL TEMA

Se infiere del análisis anterior lo siguiente: primero, debemos crear nuestros comercios en línea con toda la seguridad debida para los usuarios, sin duda alguna un especialista en redes o técnico en implementación en sitios web de compras tendrá las herramientas necesarias para llegar a nuestro cometido y tener sistemas eficientes de salvaguarda de información. Al mismo tiempo, si somos usuarios debemos tomar precauciones y únicamente visitar sitios seguros y de renombre, donde exista la posibilidad de cancelar la compra antes del pago. Además, se tendrán que identificar sitios web provistos de mecanismos de pago que sean fáciles de utilizar y seguros, así como información sobre el grado de seguridad que tales mecanismos poseen.

Por otra parte, los gobiernos deben asegurar que el marco jurídico provea equidad a consumidores y proveedores, facilite el comercio electrónico y tenga como resultado para los consumidores un nivel alto de protección y no menor al que se les asegura para otras formas de comercio. Es fundamental proveer a los consumidores de un acceso real a mecanismos de resolución de conflictos y recursos que sean justos y en tiempo, sin que impliquen un costo indebido o una carga. Todo lo anterior con la finalidad de llevar a cabo un comercio electrónico mucho más seguro tanto para el comerciante como para el usuario.

PARTE II: MECANISMOS JURÍDICOS DE INTERNACIONALIZACIÓN

8. *Los tratados internacionales comerciales: diversificación de mercados*

La actual política de comercio internacional en México tiene su base en la diversificación de mercados, por tal motivo nuestro país ha firmado una gran variedad de tratados comerciales, los cuales se encuentran clasificados en bilaterales (México con otro país) y los multilaterales (México con varios países). En el presente capítulo se analizarán los tratados multilaterales más importantes que México ha suscrito, como el Tratado de México, Canadá y Estados Unidos (T-MEC, antes llamado Tratado de Libre Comercio de América del Norte), y tres Tratados o Acuerdos Internacionales subutilizados o prácticamente desconocidos en México: el Tratado de Libre Comercio de México con la Unión Europea (TLCUEM), el Tratado Integral y Progresista de Asociación Transpacífico (TIPAT) y la Alianza del Pacífico (AP), que permiten el acceso a diferentes mercados de forma simultánea y con una protección jurídica relativamente elevada para las empresas y productos mexicanos. Existen más tratados bilaterales y multilaterales firmados por México, pero el valor en transacciones comerciales es menor en relación con los cuatro tratados que se van a analizar, en parte por las economías que representan, y el acceso a una gran cantidad de consumidores.

8.1. El tratado entre México, Estados Unidos y Canadá (T-MEC)

Sin duda alguna vivimos tiempos con muchos cambios políticos y económicos. Dentro de esos cambios se inscriben procesos de adaptación comercial por los países que componen el globo terráqueo. Uno de esos cambios con impacto directo en nuestro país ha sido realizado por el Tratado de Libre Comercio denominado USMCA en los Estados Unidos (United States–Mexico–Canada Agreement), CUSMA en Canadá (Canada–United States–Mexico Agreement) y T-MEC (Tratado entre México, Estados Unidos y Canadá). El T-MEC reemplaza al TLCAN (Tratado de Libre Comercio con América del Norte). Este acuerdo fue firmado el 30 de noviembre de 2018 por los Presidentes Donald Trump (EUA), Enrique Peña Nieto (México) y Justin Trudeau (Canadá), que entró en funcionamiento el 1 de julio de 2020.

8.1.1. Del TLCAN al T-MEC, un espacio de crecimiento económico

Actualmente el T-MEC representa una de las economías más grandes del mundo, con un producto interno bruto (PIB) de 22 mil millones US (alrededor del 26 por ciento del PIB mundial) y una población de casi 500 millones.

Estados Unidos tuvo la iniciativa de esta renegociación del TLCAN y obtuvo un acuerdo más favorable para sus empleos y sus empresas, en particular en el campo del automóvil frente a México y en la parte agrícola frente a Canadá. Muchas disposiciones del TLCAN se mantienen en el T-MEC, sin embargo, algunas palabras fueron eliminadas, como "libre comercio" y "América del Norte", ya que el nuevo nombre del tratado ilustra en cierta medida la política proteccionista defendida en su momento por el gobierno de Donald Trump.

Su antecedente, el TLCAN, vio la luz el 7 de octubre de 1992, cuando los líderes de estos tres países, George Bush, Brian Mulroney y Carlos Salinas de Gortari firmaron en San Antonio, Texas, dicho tratado comercial. Entró en vigor el 1 de enero de 1994 y eliminó casi todos los aranceles aduaneros entre los tres países y claramente pretendía ser una respuesta a la constitución de una "Europa unida", que quedo simbolizada por el Tratado de Maastricht, también firmado en 1992. El TLCAN había sido ratificado por el Congreso estadounidense en noviembre de 1993, a pesar de una fuerte oposición. Los congresistas de este país pusieron en relieve los riesgos que implicaba una asociación de este tipo, sobre todo porque en su momento reunía a la primera potencia mundial y un país en vías de desarrollo, lo cual podría tener problemas de explotación descontrolada de las personas y la naturaleza, flujos migratorios, entre otros.

El Tratado de Libre Comercio de América del Norte resultó en un crecimiento económico y ha contribuido a elevar el nivel de vida de los ciudadanos de los tres países miembros. Al fortalecer las reglas y los procedimientos que rigen el comercio y la inversión, este acuerdo demostró ser una base sólida para generar prosperidad en México y un valioso ejemplo de los beneficios de la liberalización del comercio para el resto del mundo. Entre los puntos destacados, en 2019 el TLCAN representaba en valor del comercio trilateral de mercancías (es decir, las importaciones totales de cada país de otros socios) un poco más de 1.1 billones de dólares estadounidenses. Además, el comercio trilateral de bienes ha aumentado más de un 250 por ciento desde la firma del acuerdo comercial trilateral en 1994.

El T-MEC conserva elementos importantes del TLCAN, tales como: el acceso libre de aranceles a los mercados de Estados Unidos y Canadá para los productos de empresas mexicanas; el mecanismo de resolución de disputas de Estado a Estado, que se aplica a casi todas las obligaciones del Acuerdo, incluidas las relacionadas con el trabajo y el medio ambiente; el mecanismo de revisión de un panel binacional independiente para las investigaciones sobre derechos antidumping y compensatorios; una exención general para las industrias culturales, que permite a los países preservar su capacidad para desarrollar e implementar su política cultural, así como todas las medidas que contribuyen a ella y continua facilitando la movilidad dentro de los Estados Unidos para empresarios.

8.1.2 Los nuevos aportes del T-MEC

En lo referente a los cambios realizados en las negociaciones del TLCAN, principalmente los hay en las ramas de la industria manufacturera, como la automotriz, la textil y la agrícola, pero también en los derechos de aduana para el acero y el aluminio, así como en la legislación laboral. En comparación con el TLCAN, el nuevo tratado endurece las normas ambientales y laborales; además, fomenta una mayor producción nacional de vehículos y otros bienes manufacturados.

El T-MEC también tiene como objetivo beneficiar a los Estados miembros al liberalizar los mercados, hacer que el comercio sea más justo y estimular el crecimiento económico en América del Norte. Las áreas en las que se han logrado avances importantes en el T-MEC incluyen a la propiedad intelectual, el comercio electrónico, los servicios financieros y el medio ambiente.

Uno de los puntos más álgidos de las negociaciones fue lo referente a la normativa laboral y cuestiones ambientales. Sobre todo, el derecho laboral se consolida como la piedra angular de este acuerdo comercial (y fue parte de las promesas de campaña del gobierno de Trump), con varias obligaciones vinculantes en esta área. Por ejemplo, incluye un anexo sobre la representación de los trabajadores en las empresas y negociación colectiva, comprometiéndose México a tomar medidas legislativas específicas para aplicar concretamente estas normas. El acuerdo también incluye nuevas disposiciones como la prohibición de importar bienes producidos a partir del trabajo forzoso, la lucha contra la violencia ejercida hacia los trabajadores y la protección legal de los trabajadores migrantes.

Otra de las novedades que introduce el T-MEC es lo referente al tema medioambiental, ya que se establecen obligaciones más estrictas que en el TLCAN, particularmente en términos de combatir el tráfico de madera, peces y vida silvestre, además, fortalece la aplicación de la ley en dichos temas. Se incluyen cuestiones como la calidad del aire y la basura marina. Entre las nuevas obligaciones se tiene que proteger a animales marinos como las ballenas y tortugas de mar, lo que conlleva un compromiso de cooperación para preservar el hábitat marino. También mejoró los controles aduaneros de los envíos que contienen vida silvestre en los puertos de entrada; y obliga a los tres Estados a adoptar, mantener e implementar regulaciones previstas en siete acuerdos ambientales multilaterales.

Así, se establecen nuevas reglas para incentivar el desarrollo de la región, como lo son los avances notables que se relacionan con las reglas de origen, en particular para vehículos de pasajeros, camionetas y autopartes; su objetivo es alentar a los fabricantes a comprar con proveedores establecidos en la región de América del Norte. Entre las novedades, se impone que 75 por ciento de un vehículo debe haber sido fabricado en América del Norte, lo que, en principio, estimula el crecimiento económico de la región. Por otra parte, existe la obligación de que 40 a 45 por ciento de un vehículo sea fabricado por trabajadores que ganen al menos 16 USD por hora, lo que en consecuencia debería generar salarios más altos y, por lo tanto, promover el desarrollo local y la inversión en la industria automotriz.

El acceso a los mercados y la libre circulación de mercancías son temas centrales del acuerdo. El objetivo es facilitar el movimiento de mercancías entre los tres países mediante la derogación de normas que se han vuelto superfluas, la actualización de referencias clave y la reafirmación de ciertos compromisos. El T-MEC mantiene el régimen de franquicia arancelaria del que gozan los bienes producidos en América del Norte, e incluye nuevos requisitos de transparencia para el otorgamiento de licencias de importación y exportación.

Por ejemplo, se elimina el requisito de utilizar distribuidores locales para las importaciones, autoriza la importación de mercancías comerciales que incorporen funciones criptográficas, y levanta las restricciones a la importación de bienes utilizados con fines de fabricación.

El T-MEC debería aumentar la estabilidad en México, la más abierta de estas tres economías, al permitirle al país fortalecer su condición de productor de bienes de calidad, con respeto a los estándares internacionales. El gobierno mexicano también ha promovido otras formas de impulsar el comercio internacional, incluida la celebración de un tratado de libre comercio de automóviles con Brasil.

8.1.3. Las nuevas reglas del T-MEC

Algunos de los cambios fundamentales del TLCAN en el T-MEC son:

A) La eliminación del mecanismo de resolución de disputas de inversión entre Estados Unidos y Canadá.

B) El retiro de Canadá del capítulo sobre contratación pública (es decir, la contratación pública entre Canadá y Estados Unidos ahora se regirá por el Tratado Revisado sobre Contratación Pública concluido bajo los auspicios de la OMC, y los de Canadá y México ahora se regirán por el Tratado Integral y Progresista de Asociación Transpacífico (TIPAT).

C) Mayor contenido norteamericano para ciertos vehículos y partes de vehículos (es decir, 62.5 a 75 por ciento), en promedio, para 2023.

D) Aumento del acceso al mercado lácteo canadiense a través de la concesión de contingentes arancelarios, aunque este mercado sigue siendo regido por el sistema de gestión de suministro.

E) Aumentar la duración de las patentes y los derechos de autor de las empresas farmacéuticas.

F) La adición de un nuevo capítulo sobre monedas para que las partes mantengan tipos de cambio determinados por el mercado y se abstengan de devaluar sus monedas con fines anticompetitivos.

G) En particular la presencia de una cláusula "crepuscular", que permite a las partes tomar la decisión de no renovar el Tratado por otro período de 16 años, es decir, establece la posibilidad de revisar el tratado cada 16 años, y si un

Estado no está conforme con el mismo, puede invocar la cláusula crepuscular y finalizar su relación con el Tratado.

8.1.4. Los cambios sectoriales más importantes en el T-MEC

En las siguientes secciones analizaremos los cambios más importantes por sector, ya que la totalidad requeriría prácticamente un libro completo para cada capítulo. El nuevo T-MEC consta de 34 capítulos, con tres anexos y cartas paralelas.

8.1.4.1. La industria automotriz

La cuestión de salvaguardar los puestos de trabajo en el sector de la fabricación automotriz fue una pieza fundamental en los argumentos del discurso contra el TLCAN por parte de la administración de Donald Trump. El presidente de Estados Unidos culpó al TLCAN de ser el peor acuerdo para la economía que ha firmado Estados Unidos. Las acusaciones recurrentes de la administración Trump se dirigieron sobre todo por el nivel de los salarios pagados a los trabajadores mexicanos y la deslocalización de ciertas cadenas productivas de empresas norteamericanas en México. Por tal motivo, las empresas automotrices estadounidenses calificaron en ese momento a México como un productor de bajo costo.

> La renegociación en el sector del automóvil será esencialmente un asunto bilateral entre los Estados Unidos demandantes y un México a la defensiva; la administración americana de Trump, habiendo fundado temor desde el principio de las negociaciones de imponer aranceles del 35% a los automóviles importados en caso de fracaso, justificado en el déficit comercial estadounidense y el aumento en la producción de automóviles en los Estados Unidos[107].

---

[107] Rodríguez, I. (2017) "Los autos pagarían un arancel de 8.3% para entrar a Estados Unidos sin el TLCAN". *Expansión*. Consultado el 25/10/2020.

Ante el peso hegemónico de Estados Unidos en la industria automotriz norteamericana y considerando la amplia integración de cadenas productivas canadienses-estadounidenses, Canadá se solidarizaría con la administración de Trump frente a México, acusado de dumping comercial y competencia social desleal. Al final, los Estados que forman parte del T-MEC decidieron adoptar nuevas disposiciones que reflejan un cambio continental en el proteccionismo estadounidense, ya que la mitad de los vehículos exportados por Canadá y México al mercado norteamericano provienen de las cadenas productivas de empresas americanas. Esta regionalización en el hemisferio norte centrada en Estados Unidos dentro del sector automotriz es parte de en un proceso más amplio de fortalecimiento de la "americanización" de las cadenas de valores regidas por reglas comunes. Para beneficiarse de las exenciones de aranceles aduaneros o aranceles preferenciales, el T-MEC establece lo siguiente:

- El 70 por ciento del aluminio y el vidrio utilizados en la producción de automóviles deben provenir de América del Norte;
- El contenido de valor regional de América del Norte de piezas automotriz se dividirá entre las piezas centrales, principales y accesorias, con requerimientos relativos del 75, 65 y 60 por ciento respectivamente;
- El contenido total norteamericano (incluye a los tres países) de vehículos ligeros de pasajeros deberá alcanzar 75 por ciento para 2023, en comparación con el 62.5 por ciento del valor en el TLCAN. Además, del 60 al 70 por ciento de valor regional será necesario para camiones y vehículos pesados hacia el horizonte de 2027;

Disponible en: https://expansion.mx/empresas/2017/04/10/los-autos-pagarian-un-arancel-de-83-para-entrar-a-estados-unidos-sin-el-tlcan.

- Se impone la obligación de producir vehículos con mano de obra cuyo salario promedio mínimo por hora es 16 dólares, una proporción de 30 por ciento en 2020 hasta 40 por ciento en 2023 para automóviles (vehículos livianos y de pasajeros) y 45 por ciento para camionetas (esto incluye a México);
- Se fijan cuotas de máximo 2.6 millones de vehículos canadienses y mexicanos exportados a Estados Unidos (muy por encima de los 1.8 millones del TLCAN) y, por lo tanto, estarán exentos de todas las medidas posibles en virtud de la Sección 232 de la Ley de Expansión Económica de los Estados Unidos de 1962;
- Se fijan cuotas de importación a los Estados Unidos de tope de 32.4 mil millones de piezas automotrices provenientes de Canadá y de 108 mil millones de autopartes provenientes de México. También estarán exentos de cualquier posible acción en virtud de la Ley de Expansión Económica de los Estados Unidos.

Otro punto destacado en las negociaciones del T-MEC fue cómo y dónde se fabricarían los vehículos. El presidente de los Estados Unidos había invocado repetidamente las amenazas del TLCAN sobre la seguridad nacional de EUA, señalando la competencia desleal en las tarifas laborales mexicanas. En general, las tarifas por hora de los trabajadores mexicanos de la industria del automóvil llegaron a establecerse alrededor de 2.30 dólares estadounidenses en 2015[108] y fueron 90 por ciento más bajas que el salario promedio de los trabajadores estadounidenses, lo

---

108 Linares Zarco, J. (2020). "La industria automotriz en México y el T-MEC: retos y perspectivas". En *Factores Críticos y Estratégicos en la Interacción Territorial. Desafíos Actuales y Escenarios Futuros*. Universidad Nacional Autónoma de México y Asociación Mexicana de Ciencias para el Desarrollo Regional A.C. Coeditores. p. 185.

que llevó a la deslocalización de las líneas de producción automotriz a México.

Otra consecuencia fue el traslado a México de inversiones industriales que tenían como primer destino a los Estados Unidos provenientes de empresas automovilísticas extranjeras (sobre todo europeas y asiáticas), cuyo principal mercado de exportación es el mercado estadounidense. La ventaja salarial mexicana generó una pérdida de competitividad para muchas cadenas de producción en Estados Unidos y Canadá, afectando sobre todo la sostenibilidad de puestos de trabajo para varios subsectores de la industria automotriz estadounidense. Podemos constatar que en la realidad la distribución geográfica de las cadenas de valor en la fabricación en la industria automotriz norteamericana operó, desde la entrada en vigor del TLCAN, en beneficio de México. El número de ensambladoras de vehículos livianos aumentó de 9 a 17 en México, mientras que en Estados Unidos disminuyó de 59 a 49 y en Canadá de 14 a 10[109].

La negociación del T-MEC fue, por lo tanto, una oportunidad para que Estados Unidos y México encontraran, con el apoyo de Canadá, un nuevo arreglo regulatorio sobre las cadenas de suministro de la industria automotriz y proveedores de piezas para automóviles, ante la presión de la competencia asiática de China, Japón y Corea.

8.1.4.2. El sector del acero y el aluminio

El tema del acero y el aluminio fue un punto particularmente sensible de los intereses nacionales estratégicos de Canadá y Estados Unidos en las negociaciones del T-MEC. Además, es uno

---

109 *Cf.* Mendoza Cota, J. E. (2020). "El comercio de manufacturas entre México y Estados Unidos y el cambio del TLCAN al T-MEC". En *La reestructuración de Norteamérica a través del Libre Comercio: del TLCAN al T-MEC*. El Colegio de México y El Colegio de la Frontera Norte. p. 76.

de sectores económicos de los más integrados regionalmente y la producción está respaldada por cadenas de suministro continentales bien establecidas. Cabe mencionar que es un sector esencial para Canadá ya que es un importante proveedor de la industria militar norteamericana. Si Estados Unidos representa el primer mercado en la exportación de acero y aluminio canadiense, Canadá, por otro lado, es el primer importador de acero de EUA con 40 por ciento de las exportaciones en 2019[110].

La administración americana decidió, antes de las negociaciones del T-MEC, imponer aranceles aduaneros excepcionales de 10 por ciento al aluminio y de 25 por ciento al Acero canadiense para presionar a sus socios norteamericanos, tomando como pretexto la falta de avances en las negociaciones del nuevo TLCAN. Una decisión especialmente difícil para la competitividad del sector del aluminio y el acero canadiense. Se invocaron razones de seguridad nacional, pero era obvio que esas imposiciones era parte de un posicionamiento conjetural en lugar de una respuesta preventiva a una amenaza real para la seguridad nacional estadounidense.

Por lo tanto, los Estados Unidos utilizaron el levantamiento de las exenciones temporales de los aranceles aduaneros sobre el acero y el aluminio como un arma de negociación frente a Canadá, al utilizar fundamentos legales justificando el uso de aranceles aduaneros excepcionales.

La entrada en vigor del T-MEC no implicó la derogación inmediata de estas medidas, por el contrario, se extendieron al aluminio primario canadiense. Asimismo, en su fecha de entrada del 1 de julio de 2020, el T-MEC no había establecido disposiciones relativas al aluminio y el acero que pudieran satisfacer a todos los Estados parte, habiendo preferido los

---

110 *Acier et aluminium.* Consultado el 01/04/2022. Disponible en: https://www.international.gc.ca/trade-commerce/controls-controles/steel_alum-acier_alum.aspx?lang=fra.

Estados Unidos resolver la cuestión mediante acuerdos bilaterales, y no fue hasta septiembre de 2020 que la administración de Trump puso fin a los derechos aduaneros excepcionales. Para evitar una situación similar en el futuro, se establecieron cartas complementarias del T-MEC, que ahora exigen que Estados Unidos busque una solución negociada con Canadá y México durante al menos 60 días, antes de aplicar nuevas tarifas u otras posibles medidas previstas en el artículo 232 de la Ley de Comercio en relación con otras que pudieran afectar a los dos países.

8.1.4.3. El comercio electrónico

El comercio digital fue un tema nuevo en la renegociación del TLCAN, porque este último no estipuló en su contenido la economía digital. Asimismo, y en función de las necesidades actuales, la materia de comercio electrónico integrado en el T-MEC forma parte de un proceso de modernización del nuevo acuerdo. La estrategia de los Estados Unidos había sido optar por los acuerdos bilaterales para resolver problemas de comercio electrónico con sus socios comerciales, por tal motivo, plantear dentro del T-MEC la cuestión de las regulaciones comerciales electrónicas en la mesa de negociaciones era delicada. Sin embargo, los tres países encontraron acuerdos en común, inspirándose en las disposiciones existentes en otros acuerdos de los que son signatarios. El T-MEC a diferencia, por ejemplo, del Tratado Integral y Progresivo de Asociación Transpacífico (TPP-11), estableció disposiciones regulatorias de comercio digital con mayor profundidad en cuanto a su regulación[111]. De hecho, el T-MEC introduce nuevas disposiciones específicas

---

[111] *Cfr.* Ríos Ruiz, A. "Capítulo 19 del T–MEC: Implicaciones para el comercio electrónico en México". *Perfiles De Las Ciencias Sociales.* 8 (16). Consultado 08/03/2022. Disponible en: https://revistas.ujat.mx/index.php/perfiles/article/view/4215.

sobre la localización de datos informáticos, regulación de la protección de datos personales, ciberseguridad, datos abiertos, códigos fuente y la responsabilidad legal de los servicios informáticos interactivos frente a los contenidos que ofrecen.

Los nuevos contenidos del T-MEC sobre comercio digital se resumen en cinco disposiciones principales contenidas en su capítulo 19:

- La no imposición de derechos de aduana sobre productos digitales (art. 19.3.1);
- Trato no discriminatorio de los productos digitales;
- Transferencias transfronterizas de información electrónica;
- Protección del consumidor en línea y protección de la información personal;
- Datos abiertos del gobierno y ubicación de las instalaciones informáticas.

A estas disposiciones se le puede agregar la cláusula de trato de Nación más Favorecida y Trato Nacional para los productos digitales y una serie de disposiciones de carácter técnico.

En esta regulación del comercio electrónico dentro del T-MEC, se han tomado en consideración las leyes nacionales, en particular el T-MEC especifica en el artículo 19.5 la importancia del marco jurídico nacional aplicable a las transacciones electrónicas. El tratado no impide que los Estados firmantes adopten como parte de su política interna "un marco legal que rija las transacciones electrónicas y que sea compatible con los principios de la Ley Modelo de la CNUDMI sobre Comercio Electrónico 1996", lo que presupone libertad de acción de los gobiernos, pero respetando los principios esenciales del T-MEC sobre la regulación en materia de comercio electrónico. Al mismo tiempo, se destaca la importancia fundamental de la cooperación técnica y la normativa establecida en el artículo 19.14, la cual reconoce la naturaleza global y transfronteriza del comercio digital.

Además, el T-MEC establece la utilidad de la regulación privada e invita a los Estados parte a "fomentar el desarrollo por parte del sector privado de métodos de autorregulación que fomenten el comercio digital, incluidos códigos de conducta, contratos modelo, directrices y mecanismos de cumplimiento" (artículo 19.14d). Estados Unidos, consciente de su posición hegemónica en el mundo digital con Google, Amazon, Facebook, Apple y Microsoft, sabe que al incentivar la regulación privada y liberalizar la circulación de datos en los espacios legales, sus intereses seguirán cubiertos por la Ley Patriota[112], que se pueden movilizar para presionar a cualquier empresa, si es necesario a toda empresa norteamericana o instalada en suelo estadounidense.

8.1.5. El umbral de mínimos de compra internacional del T-MEC

El T-MEC prevé un aumento de los umbrales mínimos que permiten la entrada libre de impuestos de aranceles y pedidos en línea, incluidas las importaciones enviadas por mensajería exprés. En el T-MEC, para los pedidos de consumidores canadienses, los umbrales mínimos para la imposición de derechos de aduana se elevan a 150 dólares canadienses y se pagan impuestos a partir de 40 dólares al momento de la importación. Para los pedidos recibidos por consumidores mexicanos, se podrá realizar el despacho de las mercancías sin el pago del IGI (Impuesto General de Importación) y del IVA (Impuesto al Valor Agregado), siempre que se encuentren amparadas con una guía aérea o conocimiento de embarque y el valor consignado en estos no exceda al equivalente en moneda nacional o extranjera a 50 dólares. Los productos *duty free* lo serán hasta por 117 dólares y en el caso de productos canadienses el monto asciende hasta los 150 dólares,

---

112 Ley contra crímenes, terrorismo y otras amenazas a la seguridad de los Estados Unidos y que fue adoptada bajo la administración de George W. Bush después de los ataques del 11 de septiembre de 2001.

estas son algunas diferencias significativas que ilustran la naturaleza principal de la intensificación y el desarrollo de las transacciones de comercio digital en los últimos años y su potencial para la movilización de ingresos aduaneros.

8.1.6. La regulación laboral dentro del T-MEC

El trabajo fue objeto de especial atención en la renegociación del TLCAN, ante el impulso del binomio Estados Unidos-Canadá ante un México bajo presión, debido a los constantes reclamos por no cumplir con las disposiciones del TLCAN y que fue una de las principales materias que dieron pie a su revisión.

En el T-MEC, los Estados parte eligieron establecer normas laborales como un capítulo integrado en el nuevo acuerdo, debido a la importancia y la alta prioridad de regular la materia en México. De hecho, uno de los principales argumentos esgrimidos por la administración de Trump para denunciar y revisar el TLCAN fue que en México existen salarios bajos, violación constante de derechos y normas laborales poco proteccionistas al trabajador en comparación con Canadá y Estados Unidos. El presidente estadounidense acusaba constantemente a México de contar con normas laborales que incentivaban la deslocalización de plantas productivas estadounidenses en México, con la consecuencia de importantes pérdidas de empleo en la industria norteamericana, especialmente en el sector del automóvil. Para muchos sindicatos estadounidenses, el TLCAN no garantizaba de forma debida una mejora de los estándares sociales en América del Norte, lo que se convirtió en un argumento propicio frente a la administración de Trump para mantener las acusaciones de *dumping* social realizado contra México.

En ese sentido, desde la entrada en vigor del TLCAN, Estados Unidos y Canadá han hecho referencia a las normas internacionales del trabajo y los derechos laborales en sus discusiones sobre los acuerdos de libre comercio con sus socios comerciales, abogando por una homogenización y elevación de estándares de leyes y derechos laborales. Las acusaciones de *dumping* social y competencia desleal por las prácticas de México, condujeron a un entorno político de libre comercio socialmente irresponsable.

Dentro del T-MEC, Estados Unidos realizó un frente común con Canadá para presionar a México y elevar así el nivel de sus estándares de normas en materia de trabajo. Le exigieron reformas legislativas y administrativas aceleradas y el establecimiento de una serie de instrumentos que hacen referencia a la Declaración de la Organización Internacional del Trabajo (OIT) de 1998 o al Programa de Trabajo Decente de la OIT. Por lo tanto, el T-MEC, en su capítulo sobre el trabajo, ofrece un contenido normativo denso, introduciendo importantes novedades retomadas de la OIT sobre los Derechos en el Trabajo, entre éstas:

- Eliminar todas las formas de trabajo forzoso u obligatorio, incluido el trabajo infantil forzoso u obligatorio en las cadenas de valor. Cualquier artículo o producto de una cadena de valor o de un país que practique total o parcialmente el trabajo forzoso u obligatorio ahora está explícitamente prohibido de importar sus productos (artículo 23.6);
- La lucha contra la violencia contra los trabajadores, en el cual el trabajador debe estar en un clima libre de violencia, amenazas e intimidación, y es imperativo para los gobiernos abordar de manera efectiva los incidentes de violencia, amenazas e intimidación contra los trabajadores (artículo 23.7);
- La preservación de los derechos de los trabajadores migrantes, cada Estado asegurará que los trabajadores migrantes estén protegidos conforme a sus leyes laborales, sean o no nacionales de ese Estado o país (artículo 23.8);
- La lucha contra la discriminación en el trabajo, con el objetivo de eliminar la discriminación en el empleo y la ocupación, y cada Estado apoya con el objetivo de promover la igualdad de la mujer en el centro de trabajo. Por consiguiente, cada país implementará políticas que considere

apropiadas para proteger a los trabajadores contra la discriminación en el empleo basada en el sexo (incluyendo con respecto al acoso sexual), embarazo, orientación sexual, identidad de género y responsabilidades de cuidado; proporcionar licencias de trabajo para el nacimiento o la adopción de infantes y el cuidado de los miembros de la familia y proteger contra la discriminación salarial (artículo 23.9);

- Disposiciones en materia laboral consagradas en un capítulo incorporado al acuerdo, y sujetas al mecanismo de solución de controversias;
- Referencia explícita a dos declaraciones de la OIT: Declaración de la OIT sobre los Principios y Derechos Fundamentales en el Trabajo y su seguimiento (1998) y la Declaración de la OIT sobre la Justicia Social para una Globalización Equitativa (2008);
- El establecimiento de un mecanismo de consultas laborales y denuncias sencillo y de fácil acceso para el trabajador.

En esta dinámica de fortalecimiento de los derechos de los trabajadores, Estados Unidos y Canadá exigieron a México un Anexo denominado 23-A del T-MEC, en el cual se establecen reformas en los ambientes de trabajo, con el objetivo de asegurar el ejercicio de los derechos sindicales en el territorio mexicano, y estipula que México:

> 2. (a) Establecerá en sus leyes laborales el derecho de los trabajadores a participar en actividades concertadas de negociación o protección colectivas y a organizar, formar y afiliarse al sindicato de su elección, y prohibir, en sus leyes laborales, el dominio o interferencia del empleador en actividades sindicales, discriminación o coerción contra los trabajadores por virtud de actividad o apoyo sindical, y la negativa a negociar colectivamente con el sindicato debidamente reconocido[113].

---

[113] Anexo 23-A del T-MEC: *Representación de los trabajadores en la negociación colectiva en México.*

Otro de los puntos álgidos de las negociaciones del T-MEC fueron tasas laborales de pago por parte de las empresas mexicanas del sector automotriz. Con el apoyo de Canadá, Estados Unidos obtuvo de México, en el marco de las reglas de origen y porcentajes en valores regionales, que el T-MEC en su capítulo 4, Anexo 4-B, el artículo 7.3 sobre el Valor de Contenido Laboral, obliga a los productores del sector automotriz en todos los países de los Estados parte a fijar un salario mínimo por hora de 16 dólares estadounidenses para los trabajadores de determinadas líneas de producción de automóviles. Esta nueva disposición es una de las principales innovaciones laborales del TLCAN, que reduce significativamente la deslocalización de empresas para aprovechar el *dumping* salarial (por lo menos en el sector automotriz[114]).

En resumen, el capítulo laboral del T-MEC eleva el requisito de las normas y condiciones de trabajo en el espacio norteamericano y tiene como objetivo evitar cualquier reducción de la protección de los trabajadores con fines de competencia desleal o tener alguna competitividad frente a empresas competidoras. Además, contiene compromisos para que las leyes y políticas nacionales protejan los principios y derechos fundamentales en materia laboral. El capítulo laboral también incluye una obligación de luchar contra la violencia contra las mujeres trabajadoras, incluidas las amenazas[115]. Otra de las innovaciones importantes de la T-MEC para combatir la violación de los derechos laborales, en particular el derecho de los trabajadores a la negociación colectiva y la libertad de asociación, es el mecanismo para el despliegue rápido de

---

114 Covarrubias Valdenebro, A. (2021). "El T-MEC y la tercera generación de arreglos laborales. Escenarios probables para el trabajo y la industria regional". *Norteamérica*. México. 16 (1). Junio. p. 147-190. Accedido el 16 de jun de 2022. Disponible en: http://www.scielo.org.mx/scielo.php?script=sci_arttext&pid=S1870-35502021000100147&lng=es&nrm=iso.

115 Ver Hernández Cervantes, A. (2020). *T-MEC, reforma laboral e igualdad de género. Apuesta por el adelanto de las trabajadoras*. Fundación Friedrich Ebert en México.

un comité de expertos en derecho laboral para garantizar que la legislación laboral nacional se respete efectivamente.

El relativo entendimiento en materia del trabajo indica que existió un compromiso para armonizar los intereses nacionales de los tres países, pero sobre todo para abordar el lado humano del libre comercio en la zona Norteamérica, que era una de las áreas olvidadas por el TLCAN. El capítulo sobre el trabajo ilustra una profundización de necesidad de una aproximación normativa a nivel regional. Afortunadamente, las negociaciones sobre el tema laboral han permitido un consenso trilateral con un sentido socialmente responsable, con el objetivo de beneficiar a todos los trabajadores del espacio Norteamérica, el tiempo demostrará si fue acertada su implementación o genera una desventaja entre países.

8.1.7. El medio ambiente

Las naciones parte del T-MEC negociaron para obtener una armonización de normas y niveles de protección ambiental mayores que el TLCAN[116]. El objetivo era uniformar las normas aplicables al medioambiente en todas las legislaciones nacionales, a fin de evitar prácticas de *dumping* ambiental destinadas a promover deslealmente el comercio y el atractivo de las inversiones, por ejemplo, permitir empresas con altos niveles de contaminación en México, ya que su derecho interno lo permitía y que en Estados Unidos o Canadá se les prohibía operar por esos altos niveles de polución.

---

116 Ceballos Pérez, S. G. (2021). "La transición del TLCAN hacia el T-MEC y su impacto sobre el medioambiente en México". *Del TLCAN al T-MEC: 25 Años de Dependencia Comercial de México.* Laboratorio de Análisis Económico y Social, A. C. pp. 317-328. Consultado el 22/03/2022. Disponible en: https://www.researchgate.net/publication/352670262_Capitulo_11_La_transicion_del_TLCAN_hacia_el_T-MEC_y_su_impacto_sobre_el_medioambiente_en_Mexico

Una de las principales innovaciones frente al TLCAN es la introducción del artículo 24.8 que hace referencia a los Acuerdos Ambientales Multilaterales (AAM), ratificados por los tres países firmantes y que ahora les obliga a respetar sus respectivos compromisos frente a esos AAM. Además, el T-MEC, a diferencia del TLCAN, establece nuevos compromisos ambientales que apuntan específicamente a la protección de la capa de ozono (artículo 24.9), protección del medio marino de la contaminación por buques (artículo 24.10), la mejora de la calidad del aire (artículo 24.11), la lucha contra la basura marina (artículo 24.12), la responsabilidad social corporativa y conducta empresarial responsable (artículo 24.13), entre otros temas. Al igual que el capítulo sobre el trabajo, el del medio ambiente está sujeto al mecanismo de solución de controversias. Por otro lado, una de las novedades del T-MEC es tratar explícitamente las interacciones entre los cuestiones sociales y de salud humana. Lo que se traduce en contribuciones bastante significativas en comparación con el TLCAN.

Sin embargo, el T-MEC se quedó corto respecto a otros avances normativos en materia ambiental, por ejemplo, no menciona el cambio climático, ni se refiere al acuerdo climático de París. Por tal motivo, el T-MEC no allana el camino, al menos en el corto plazo, para un progreso normativo regional sobre los principales problemas ambientales globales como el cambio climático.

8.1.8. Las inversiones en el T-MEC

En el T-MEC, la inversión se establece en el capítulo 14, a diferencia del capítulo 11 en TLCAN. Cabe mencionar que la sección B del capítulo 11 del TLCAN establecía disposiciones para la solución de controversias entre inversores y los Estados parte del TLCAN. Dicho mecanismo otorgó a los inversionistas privados un acceso excepcional al arbitraje con la finalidad de resolver disputas en materia de protección de inversiones. Este mecanismo permitió a los inversionistas demandar de forma independiente (es decir, sin la intervención de los Gobiernos o el poder judicial local) y eludir los tribunales nacionales para utilizar tribunales de arbitraje privados y lograr llegar a un acuerdo en cuanto a su afectación[117].

El TLCAN era, hasta su renegociación, el único tratado de libre comercio que permitía a los inversionistas demandar a los Estados sin intervención del gobierno. Además, los daños no tenían tope y las empresas podían, por lo tanto, demandar por cantidades ilimitadas. Estas disposiciones del TLCAN permitieron que muchas empresas estadounidenses demandaran a México y a Canadá en diversas ocasiones bajo este proceso de resolución de disputas[118], en particular el caso Lion vs. México establece una condena internacional severa a las malas prácticas del poder judicial mexicano en el marco del capítulo 11 del TLCAN[119].

Además, en el nuevo capítulo de inversiones se mantienen las cláusulas de Trato nacional; de la Nación más favorecida; de Trato justo y equitativo y, Expropiación directa e indirecta. En términos de inversión, el T-MEC básicamente aborda cuestiones relacionadas con la solución de controversias entre inversionistas y Estados al realizar los siguientes ajustes importantes:

A. El mecanismo de Solución de Controversias de Estado a Estado se mantiene y se sigue aplicando en caso de violación de las nuevas disposiciones del T-MEC sobre inversiones (capítulo 31 Sección 28.29).

---

117 Más información ver Cruz Barney, O. y Reyes Díaz, C. (2018). "La protección de inversiones". En *El T-MEC/USMCA: solución de controversias, remedios comerciales e inversiones. Serie opiniones técnicas sobre temas de relevancia nacional.* 1. Instituto De Investigaciones Jurídicas-UNAM. pp. 44-56.

118 *Ibidem.* pp. 45-46.

119 Ver nota de Jardón, L. (2011). "Lion *vs.* México: una condena internacional a las malas prácticas del poder judicial mexicano". *Nexos.* Noviembre. Consultado el 10/04/2022. Disponible en: https://eljuegodelacorte.nexos.com.mx/lion-vs-mexico-una-condena-internacional-a-practicas-enraizadas-de-los-poderes-judiciales-mexicanos/

B. El mecanismo de Solución de Controversias Inversionista-Estado (SCIE) por medio de arbitraje desaparece (capítulo 14).

En efecto, el T-MEC implementa la eliminación gradual del mecanismo de solución de controversias de inversionistas-Estados entre Canadá y los Estados Unidos por tres años. Durante este período de transición, el capítulo 11 del TLCAN se aplicará a todas las reclamaciones. Permanecerá, sin embargo, plenamente vigente entre los Estados Unidos y México en una versión modificada y con un alcance reducido, a solicitud del gobierno mexicano, para evitar la cancelación de importantes reformas legales llevadas a cabo en México en ciertos sectores clave como petróleo, gas, servicios de generación de energía, telecomunicaciones, transmisión y gestión de infraestructura. Un mecanismo SCIE menos robusto permanece entre ambos países en todos los demás sectores de la economía, aplicable sólo en caso de violación de algunas reglas materiales del capítulo 14, incluida la cláusula de expropiación, limitada a la expropiación directa.

Lo anterior queda reglamentado en el anexo 14-D del capítulo mencionado, denominado Solución de Controversias de Inversión México-Estados Unidos que dispone el procedimiento al cual se someten las partes. Asimismo, se introduce un anexo 14-E, el cual establece el procedimiento de Solución de Controversias de Inversión México-Estados Unidos relacionadas con Contratos de Gobierno Cubierto, es decir, en sectores o actividades con respecto a petróleo y gas natural que una autoridad nacional controla, tales como exploración, extracción, refinación, transporte, distribución o venta, entre otros.

8.1.9. Las consideraciones sobre contratación pública

El capítulo 13 del T-MEC sobre contratación pública se aplica únicamente a los Estados Unidos y México, mientras que las compras gubernamentales entre Canadá y México están reguladas por el Tratado Integral y Progresista de Asociación Transpacífico (TIPAT). En este caso, la actitud de Estados Unidos consistió en romper la dinámica de los acuerdos multilaterales para favorecer los acuerdos bilaterales y abordar caso por caso. Esto resultó en una forma de "cohabitación" de marcos normativos que entran en competencia entre socios de una misma zona de integración. En el marco del T-MEC, los Estados Unidos han sido reticentes a toda forma de armonización regional, y han establecido normas de contratación pública a diferentes niveles y varias velocidades.

El capítulo 13 establece que, salvo algunas excepciones, las compras públicas deberán realizarse mediante licitaciones abiertas, y las reglas de origen que se empleen corresponderán a las mismas que se usan para comerciar. En ese sentido, se conserva el compromiso de establecer requisitos de una compra pública en función de ciertos criterios objetivos, por ejemplo: funcionalidad y desempeño; además de criterios internacionales, y evitando barreras innecesarias al comercio. Igualmente, existe la obligación para los países del T-MEC de no aplicar condiciones compensatorias en las compras cubiertas que limiten las compras públicas. Por ejemplo, imponer que una empresa extranjera invierta en el territorio mexicano a cambio de que la agencia del gobierno le compre ciertos bienes y servicios.

8.1.10. Los cambios en propiedad intelectual

El T-MEC se erige como un marco jurídico que organiza y asegura la cooperación sobre innovaciones normativas nunca abordadas en acuerdos comerciales. Una de las novedades del T-MEC es la creación del Comité de Derechos de Propiedad Intelectual que está integrado por representantes de los Estados parte. Las funciones del comité abordan asuntos de cooperación en el campo de la propiedad intelectual con los siguientes objetivos (artículo 20.B.3):

- Desarrollar estrategias para reducir los casos de infracción de los derechos de propiedad intelectual y mecanismos efectivos para eliminar las incitaciones para la perpetración de tales actos de violación.
- Fortalecer las medidas para proteger los derechos de propiedad intelectual en fronteras.
- Intercambiar sobre el valor de los secretos comerciales.
- Desarrollar la equidad del procedimiento para establecer el lugar del juicio en caso de disputas de patentes.
- Coordinar el reconocimiento y protección de las indicaciones geográficas.

Además, en términos de protección de la propiedad intelectual, el TLCAN estableció dos importantes disposiciones que han sido revisadas en el T-MEC[120], la primera es la duración de 50 años de los derechos de autor correspondientes a la vida del autor y, la segunda, la protección de datos para productos orgánicos por un período de ocho años. Estas disposiciones han sido revisadas en el T-MEC y los Estados parte han incorporado un marco normativo integral y actualizado que define las obligaciones en materia de derechos de autor y derechos conexos (20 sección H), marcas comerciales e indicaciones geográficas (artículo 20 sección E), diseños industriales (20 sección G), patentes, la protección de datos relativos a productos farmacéuticos y químicos utilizados en agricultura (20 sección F), secretos industriales y observancia de los derechos de propiedad intelectual (20 sección I).

---

120 Soto Morales, C. (2019). "El régimen de Derechos de propiedad intelectual en la política comercial de USA: los casos del TLCAN y T-MEC". *Visión Empresarial*. 9. Enero-diciembre. pp. 79- 94. En línea. Latindex 22989. Consultado el 23/04/2021. Disponible en: https://revistasdigitales.upec.edu.ec/index.php/visionempresarial/article/download/871/945/2748

Por otra parte, en el T-MEC se establece que los derechos de autor correspondientes a la vida del autor se elevan a 70 años para obras literarias y artísticas y a 75 años para interpretaciones, ejecuciones y grabaciones sonoras.

Sin duda alguna, el T-MEC es mucho más estricto que el TLCAN en lo que respecta a la infracción de los derechos de propiedad intelectual y establece daños y perjuicios, así como intereses derivados de dichas infracciones, ya que prevé la indemnización de daños punitivos totalmente compensatorios por las infracciones de los derechos de propiedad intelectual:

> Las autoridades judiciales de cada Parte tendrán la facultad para considerar, entre otras cosas, cualquier indicador de valor legítimo presentado por el titular del derecho, que podrá incluir la pérdida de ganancias, el valor de los productos o servicios infringidos calculados por el precio del mercado, o el precio sugerido para la venta al por menor[121].

Además de estas nuevas obligaciones, se han agregado disposiciones relacionadas con la observancia de los derechos de propiedad intelectual y las medidas de control fronterizo, ya que el T-MEC prevé que se tomen medidas necesarias en frontera con respecto a los productos pirateados y falsificados. Autoriza a las autoridades a controlar los productos falsificados o pirateados en los envíos en tránsito, entrada o salida de una zona franca o depósito fiscal. Inclusive en el T-MEC se establece que la interceptación de señales transmitidas por satélite o la creación de equipos que la permiten son constitutivos de delitos.

Finalmente, el T-MEC también fortalece un tema muy sensible como lo es la protección de datos personales para asegurar su uso correcto por parte de las empresas. El acuerdo establece disposiciones sobre responsabilidades que incumben a los

---

121 Artículo 20.82 fracción 4 del T-MEC.

proveedores de servicios de Internet en relación con el fraude en línea, la protección de marcas y sus ganancias también se refuerza con el fin de proteger las inversiones de las empresas. Como resultado de sus innovaciones, el T-MEC prevé un ajuste en la duración de patentes para indemnizar a los solicitantes afectados por retrasos considerados "irrazonables" en la tramitación de sus solicitudes.

8.1.11. Las medidas de lucha contra la corrupción

Uno de los temas innovadores que se incorporan al T-MEC fue el de la lucha contra la corrupción, ya que puede tener impactos extremadamente negativos en las sociedades, las economías y las personas, sobre todo en México, ya que la corrupción es uno de los grandes males que han gangrenado a la sociedad actual. Las disposiciones anticorrupción contenidas en el T-MEC ayudan a garantizar que inversionistas no acudan a la corrupción cuando hacen negocios en el extranjero, y en caso de realizar actos en ese sentido, se reciba el castigo correspondiente. Así, el capítulo 27 del T-MEC denominado anticorrupción, demuestra el compromiso para combatir la corrupción a partir del marco nacional de los Estados parte, y los esfuerzos realizados en el marco de las convenciones internacionales, en particular de las Naciones Unidas, la Organización de los Estados Americanos y la Organización para la Cooperación y el Desarrollo Económico[122]. Entre las medidas para la lucha contra la corrupción que se establecen en el T-MEC, las más importantes son las siguientes:

---

[122] Ver Vallejo Montaño, V. A. "Medidas Anticorrupción en el nuevo Tratado de Libre Comercio entre México, Estados Unidos y Canadá (Análisis y comentarios del capítulo 27 con énfasis en aduanas)". *Revista Praxis de la Justicia Fiscal y Administrativa.* TFJA. p. 1-20. Consultado el 23/03/2021. Disponible en: https://www.tfja.gob.mx/investigaciones/pdf/r26_trabajo-6.pdf

- Criminalizar y combatir la corrupción en sus respectivos países.
- Proteger a los denunciantes de represalias.
- Aplicar medidas contables para detectar y perseguir actos de corrupción.
- Tomar medidas para promover la integridad entre los servidores públicos.
- Alentar al sector privado y a la sociedad a participar en la lucha contra la corrupción.
- Luchar contra la malversación de fondos de los servidores públicos.
- Disuadir a las personas de utilizar pagos de facilitación, también conocidos como sobornos, pagados a funcionarios de gobiernos extranjeros para agilizar o facilitar transacciones de rutina.
- Alentar a las empresas del sector privado a adoptar programas de cumplimiento para combatir la corrupción.
- Fortalecer la cooperación entre los tres países en el campo de la lucha contra la corrupción.

El capítulo está sujeto al mecanismo de resolución de disputas, pero contiene salvaguardas apropiadas para garantizar que las autoridades policiales, judiciales y fiscales puedan ejercer su discreción al hacer cumplir las leyes anticorrupción. Si bien el acuerdo permite que las partes ejerzan dicha discreción en la aplicación de sus respectivas leyes anticorrupción, también contempla la cooperación entre los organismos encargados de hacer cumplir la ley en cada país para detectar y combatir mejor la corrupción.

Es muy importante mencionar que el T-MEC tiene como objetivo promover la integridad, la honestidad y la responsabilidad de los funcionarios públicos. Las obligaciones de los países incluyen, entre otras, adoptar medidas y procedimientos que permitan la selección y capacitación adecuada de funcionarios públicos vulnerables a la corrupción; promover la transparencia; gestión de conflictos de interés reales o potenciales; y fomentar la denuncia de casos de corrupción. Esta parte ordena la adopción de códigos de conducta relacionados con el ejercicio adecuado de la función pública, así como sanciones por violaciones de dichos códigos o leyes anticorrupción.

Por otra parte, los países firmantes del T-MEC acordaron promover la participación del sector privado en la lucha contra la corrupción, y se obligan a tomar medidas para aumentar la conciencia pública sobre el riesgo de corrupción, alentando a las empresas privadas a adoptar controles de auditoría interna denominado *compliance.* En México existe un marco regulador en la materia, contenido en la Ley General de Responsabilidades Administrativas (LGRA), que prevé las políticas de integridad a aplicar en la empresa, así como el marco general de sanciones por actos de corrupción.

8.1.12. La resolución de conflictos comerciales en el marco del T-MEC

México tenía como objetivo dentro de las negociaciones del nuevo T-MEC el mantenimiento del capítulo 19 relativo a la solución de controversias en materia de derechos antidumping y compensatorios, así como la exención de las industrias culturales, incluidas las digitales. Todo al igual que en el TLCAN, la mayor parte del Capítulo 19 se ha mantenido en el T-MEC . El nuevo acuerdo establece la obligación de realizar negociaciones bilaterales y órganos binacionales de arreglo de controversias, antidumping y derechos compensatorios.

Los Estados Unidos, invocando ataques a su soberanía judicial con el mecanismo del TLCAN, exigió la abolición pura y simple del mecanismo de solución de controversias. La solicitud estadounidense se justificó por el hecho de que en varias ocasiones Canadá había hecho uso de las disposiciones del Capítulo 19 del TLCAN para revertir la aplicación de aranceles en las importaciones canadienses a los Estados Unidos, particularmente en madera. Además, el capítulo 20 del TLCAN, que trata sobre el mecanismo de solución de controversias, se mantuvo, pero se trasladó al capítulo 31[123]. En términos de gestión de disputas, Canadá y México han obtenido en el T-MEC que las disputas comerciales sean examinadas únicamente bajo las disposiciones de resolución de conflictos del T-MEC. Además, el recurso a estas disposiciones sólo puede ser posible si el objeto de la controversia se refiere a una medida afectada por la exención impuesta y si las medidas de represalias que puedan adoptarse tienen un efecto comercial equivalente.

Así, la finalidad del T-MEC es proporcionar un nuevo dinamismo a la zona de América del Norte, sin olvidar que uno de los propósitos es frenar la gran influencia China y centrar de nuevo las actividades económicas en los tres países firmantes. A continuación, analizaremos el segundo tratado económico multilateral importante firmado por México.

8.1.13. Otros cambios importantes derivados del T-MEC

A) El fortalecimiento del valor de contenido regional de los productos textiles

Las reglas de origen estuvieron en el centro de las negociaciones para el nuevo T-MEC, en particular en la industria del automóvil, pero también en la industria textil. En cuanto al sector de la confección textil, prevé medidas específicas para mejor regionalización, ya que favorece la protección y consolidación de la producción económica norteamericana dominado en gran medida por los Estados Unidos, con una serie de exenciones de las barreras arancelarias. Estas medidas negociadas y detalladas con mucha atención se dirigen principalmente a:

---

[123] Ver Cruz Barney, O. y Reyes Díaz, C. "La solución de controversias en el T-MEC". En *op. cit.* pp. 22-30.

- Refuerzo del valor de contenido regional de los productos textiles, al exigir que estos sean producidos, cortados y/o ensamblados a partir de insumos incorporados al producto, tales como hilos de coser, forros de bolsillo o bandas elásticas de la región de América del Norte.
- Mecanismos más estrictos para verificar el origen de las mercancías.
- Visitas sorpresa en sitio, para asegurar el cumplimiento de las condiciones de exención de derechos de aduana.

El fortalecimiento del valor regional en la industria textil, abanderado por Estados Unidos, tiene como objetivo oponerse a China y los estados de Asia y el Pacífico.

B) El contenido de la energía e hidrocarburos en el T-MEC

El T-MEC establece disposiciones y obligaciones sobre intercambios comerciales en el sector de la energía, en particular con respecto al Trato Nacional, acceso al mercado, reglas de origen, aduanas, facilitación del comercio, así como el comercio transfronterizo en los sectores de servicios e inversiones. En efecto, las reglas que afectan al sector energético se distribuyen a lo largo del nuevo acuerdo, pero el T-MEC prevé un capítulo sobre energía, que contiene disposiciones específicas aplicables a México (capítulo 8). Se reafirman los derechos de propiedad directos, inalienables e imprescriptibles de México sobre los hidrocarburos presentes en su subsuelo. También se reconoce en el T-MEC el derecho soberano de México a regular y modificar su marco legal (incluida su Constitución) sobre los hidrocarburos presentes en su subsuelo, establecido. De esta manera, se reafirma de manera contundente la soberanía de México sobre sus reservas de hidrocarburos y petróleo. Además, México se reserva el derecho de adoptar o mantener medidas en este sector, siempre que dichas medidas sean compatibles con algún acuerdo firmado por México, menos restrictivo celebrado con otro Estado, y ya ratificado al momento de su entrada en vigor del T-MEC. Por otro lado, desaparece la disposición del TLCAN que obligaba a los Estados parte a limitar sus exportaciones de productos energéticos, conocida como "cláusula de proporcionalidad".

Además, el capítulo 6 (Productos energéticos y petroquímicos básicos) del TLCAN ya no forma parte del marco que rige el comercio entre países de América del Norte. En materia de energía e hidrocarburos, la dinámica de "soberanía" de las negociaciones parece haber sido la constante y se manifestó de forma contundente. En el enunciado de las disposiciones reglamentarias se formula y afirma claramente la defensa de los intereses nacionales de las partes del acuerdo. En ese sentido, México reiteró su soberanía sobre sus recursos energéticos.

C) La simplificación de los procedimientos de certificación de origen y despacho de aduana

El T-MEC aborda la certificación de origen y los procedimientos de despacho de aduanas bajo una perspectiva de mayor simplificación, con la intención de reducir los costos y retrasos de las transacciones en la zona comercial norteamericana. Estas nuevas disposiciones se han establecido para ampliar la circulación de mercancías y la fluidez de las transacciones comerciales entre los Estados parte. Por lo tanto, el T-MEC dispone lo siguiente:

- Simplificación del procedimiento de certificación de origen, al introducir un mecanismo de autocertificación que puede ser realizado por el exportador, el productor o importador. En el caso de México, un período de transición se proporciona a los importadores para implementar este procedimiento de Certificación;
- Simplificación de los procedimientos de despacho aduanero para envíos expresos;
- Una ventanilla única digital que facilitará la presentación de documentación,
- Inspecciones aduaneras conjuntas de las autoridades en los puestos fronterizos.

Estas nuevas disposiciones vienen, por un lado, a complementar las que ya existían en TLCAN en materia de administración aduanera y facilitación del comercio y, por otro lado, reducir las barreras técnicas al comercio. Antes, en el marco del TLCAN se preveía la eliminación de prácticamente todos los aranceles aduaneros entre Canadá, Estados Unidos y México, en el T-MEC, salvo algunas excepciones, el nuevo acuerdo sigue manteniendo esa ventaja, lo que conlleva que casi todo el comercio realizado en América del Norte permanezca libre de aranceles.

8.2. El Tratado de Libre Comercio entre la Unión Europea y México (TLCUEM)

Dentro de la gran cantidad de los acuerdos internacionales firmados por México, existe un tratado comercial poco conocido y prácticamente sin explotar denominado Tratado de Libre Comercio entre la Unión Europea y México (TLCUEM). Dada la complejidad de la Unión Europea (UE), que cuenta, hasta el día en que se redactó la presente obra, con 27 Estados[124] agrupados bajo políticas comerciales en común, y de los que se conoce poco en México de las características culturales e idiomáticas de cada uno, así como el marco comercial específico. El TLCUEM ha sido poco explotado por los sectores económicos mexicanos.

Derivado de lo anterior, la pregunta que se genera al realizar negocios con la Unión Europea es la siguiente: ¿cómo se puede internacionalizar una empresa mexicana hacia algún país de la Unión, ya sea exportando o importando, e inclusive invertir mediante la creación de una nueva estructura jurídica o por medio de una asociación comercial o *joint venture* en la UE? Desde esa perspectiva y con la entrada en vigor de los acuerdos de la Organización

---

124 Los países son: Alemania, Austria, Bélgica, Bulgaria, Chipre, Croacia, Dinamarca, Eslovaquia, Eslovenia, España, Estonia, Finlandia, Francia, Grecia, Hungría, Irlanda, Italia, Letonia, Lituania, Luxemburgo, Malta, Países Bajos, Polonia, Portugal, República Checa, Rumanía y Suecia.

Mundial de Comercio (OMC), aumentó de manera considerable la firma de tratados internacionales en materia de comercio exterior por México.

En este escenario, con el antiguo Tratado de Libre Comercio de América del Norte (TLCAN), que entró en vigor el 1 de enero de 1994 y ahora con la puesta en funcionamiento del T-MEC, desde su inicio han eclipsado a los diversos tratados comerciales firmados por México (en especial al TLCUEM), ya que la actividad económica de México se ha focalizada en la región norte. Sin embargo, con la negociación y subsecuente modificación del TLCAN, se generó incertidumbre y expectativas en el empresariado mexicano, por lo que el mercado de la zona de la Unión Europea puede aportar nuevas oportunidades y soluciones a posibles problemas que se generen por aspectos geopolíticos, o que lleve a negociación fallida de un tratado o incluso la retirada de una de las partes.

La aproximación comercial a la Unión Europea no es sencilla, ya que en muchas ocasiones las costumbres y prácticas comerciales pueden ser contrarias, inclusive dentro de los mismos países de la zona comercial europea, por lo que hacer negocios en la UE tiene implicaciones muy diferentes a las de realizar negocios con el país vecino del norte.

Para la empresa europea, México se presenta como un mercado interesante por la diversidad de acuerdos comerciales; además, visto desde el exterior, hasta el momento se le considera una economía consolidada al ser miembro del OCDE, del grupo del G-20[125], del T-MEC, del TLCUEM, etcétera, con un gran

---

[125] El G20 tiene sus inicios en 1999 como una consecuencia de la crisis financiera de finales de los noventa. Es un foro de carácter informal que tiene por objetivo la promoción de un debate abierto e incluyente entre las grandes industrias de economía afianzadas y de los países emergentes, sobre todo se trata de cuestiones primordiales relacionadas con la solidez de la económica mundial y donde México se considera un país con una de las economías emergentes más desarrolladas.

dinamismo económico y un cambio de divisa interesante entre el peso y el euro. Por otra parte, con un 20 por ciento del volumen total de las importaciones y exportaciones mundiales, la UE es la primera potencia comercial mundial y, sobre todo, no tiene acuerdos específicos con sus principales socios comerciales como los Estados Unidos y Japón, lo que puede representar una gran ventaja para el comercio bilateral entre la UE y México. Hay que tomar en consideración que la Unión Europea es el segundo socio comercial de México y es el segundo inversionista extranjero; dedica anualmente 66 millones de euros en mercancías y 19 millones de euros para servicios. El tratado con la Unión Europea integra tres sectores clave: cohesión social y gobernabilidad, desarrollo económico y cultura y, por último, educación. Sin embargo, dicho tratado impone condiciones de respeto y reciprocidad, que en ocasiones son difíciles de cumplir por la disparidad de países y economías.

8.2.1. Los antecedentes generales

En 1978 se firmó un Acuerdo de Cooperación entre México y la Comunidad Europea, el cual fue remplazado en 1991 por otro Acuerdo de Cooperación, sin contener cláusulas específicas de respeto a los derechos humanos y sin referirse a la liberación de los bienes y servicios. Por consiguiente, en 1997 se firmó un acuerdo de cuarta generación, el cual integra el diálogo político y se articula en torno al principio fundamental de igualdad y no discriminación. El texto establecía como objetivo favorecer el desarrollo, así como una liberalización bilateral y preferencial, progresiva y recíproca del comercio. Una vez que el Consejo del TLCUEM (órgano que integra a representantes de las instituciones europeas y del gobierno mexicano) aprobó el 24 de noviembre de 1999 las negociaciones relativas a la apertura comercial, se pudo establecer una zona de libre comercio para los bienes y servicios, y así liberalizar progresivamente las inversiones y los pagos ligados a las mismas, para abrir recíprocamente los mercados públicos[126], adoptar reglas comunes en el dominio de la competencia y la propiedad intelectual. Derivado de lo anterior, se dio paso a la redacción del TLCUEM, el cual recibió el Acuerdo de conformidad del Parlamento Europeo el 6 de mayo de 2000, y en México se aprobó por las autoridades correspondientes el 26 de junio de 2000, que entró en vigor el 1 de julio de ese mismo año.

8.2.2. El contenido general del TLCUEM

Se establecen mecanismos de cooperación y coordinación para facilitar la asistencia técnica, las consultas y los intercambios de información, la propiedad intelectual, industrial y comercial. Así, en el ámbito de la cooperación propiamente dicha, hay varios campos contemplados: se instaura un diálogo regular sobre las cuestiones económicas, mientras que en lo industrial el objetivo es promover una gestión dinámica, integral y descentralizada con el refuerzo de contactos, diálogo y la promoción de los proyectos piloto. Los intercambios de información, así como las acciones de formación son los esfuerzos clave de la cooperación en los ámbitos de minería, energía, transportes y turismo. En todos los casos, el objetivo es principalmente el desarrollo de estos sectores.

En el marco de los servicios financieros, el objetivo de la cooperación consiste en fomentar una productividad y una competitividad mayor y diversificada. Por lo que se refiere a las comunicaciones, la cooperación se concentra sobre el diálogo, los intercambios de información, la difusión de las nuevas tecnologías, el acceso recíproco a las bases de datos, la interconexión y la interoperabilidad de las redes y servicios telemáticos, así

---

126 Del francés *marchés publics,* hace referencia a todas las actividades económicas dominadas por el Estado y las instituciones paraestatales. Actualmente en Europa se da preferencia a las sociedades europeas para esto.

como la promoción de los proyectos conjuntos de investigación y proyectos piloto.

La cooperación en los ámbitos agrícola, agroindustrial y rural se inscriben en una preocupación comercial, ya que, con el fin de facilitar los intercambios comerciales, las partes estudian la manera de armonizar las normas generales, las sanitarias, fitosanitarias y medioambientales.

Dentro del capítulo del tratado relativo a los mercados públicos, ambas partes convienen en abrirlos progresivamente bajo el control del Consejo formado en el TLCUEM. Respecto a la competencia, se establece que las partes firmantes del acuerdo deben tomar medidas convenientes para prevenir las distorsiones o las restricciones al mercado; y las cuales se discuten en el Consejo antes mencionado.

8.2.3. Los contenidos comerciales del TLCUEM

El Tratado de Libre Comercio entre la Unión Europea y México marcó un periodo de transición para las exportaciones de bienes a partir del 2005, que paulatinamente abolió las barreras arancelarias y cualquier otro obstáculo comercial; para las exportaciones europeas esto inició en el 2007. Este periodo de ajuste bilateral permitió que los sectores de servicio y agrícola llegaran a una total liberalización comercial en 2010. Incluye los productos industriales, así como los agrícolas y pesqueros. La clasificación en los intercambios entre la UE y México está prevista por los regímenes arancelarios respectivos de cada parte, de acuerdo con el "Sistema Armonizado de Designación y Clasificación de las Mercancías". Los productores mexicanos y europeos deben tener en cuenta la eliminación progresiva de los derechos de aduana u otra imposición de cualquier tipo, que se genere por la importación o la exportación de un bien, particularmente, si ésta es una sobretasa o una imposición suplementaria percibida con motivo de esta importación o exportación, con exclusión de impuestos u otras imposiciones interiores de alguna naturaleza que se encuentren previstas en la reglamentación interior de cada una de las partes en materia de imposición, todo derecho antidumping o compensatorio. Además, el comercio de servicios entró en vigor desde el 1 de marzo de 2001. Este acuerdo se celebra por un período ilimitado y cada una de las partes puede denunciarlo notificando su intención a la otra parte, y deja de ser aplicable seis meses después de esta notificación.

8.2.4. ¿A quién favorece el TLCUEM?

Este acuerdo de libre comercio es más favorable para México (por lo menos en teoría), puesto que el calendario de desmantelamiento arancelario de la UE permitió (y permite) el acceso rápido de productos mexicanos en el mercado europeo, libres de derechos arancelarios o restricciones: 82 por ciento de productos mexicanos desde el 1 de julio de 2000 y 48 por ciento de productos de la UE desde el 1 de enero de 2007. El hecho de que los productos europeos estén liberalizados completamente desde 2007 no significa que no se hayan beneficiado de una eliminación progresiva de derechos de aduana, como estaba previsto.

Asimismo, el acuerdo establece medidas no arancelarias que tienen por objeto facilitar el comercio de bienes, por ejemplo: se eliminaron todas las prohibiciones a la importación o a la exportación, así como cuotas o licencias de importación o exportación y, también los derechos de aduana e impuestos. Además, no se introducirán nuevas medidas, por lo que los productos importados no se someten a un tratamiento menos favorable que el concedido a los productos nacionales similares. La UE y México confirman los derechos y obligaciones que les incumben en materia de subvenciones y medidas compensatorias, así, las partes cooperan para garantizar el cumplimiento de las disposiciones relativas a la libre circulación de mercancías y el respeto a las normas de origen aplicables. Pese a lo anterior, 80 por ciento del comercio exterior mexicano continúa dirigido hacia Estados Unidos, por tal motivo, el TLCUEM representa una herramienta muy valiosa para ingresar al mercado de la Unión

Europea con el objetivo de diversificar el mercado y dejar la dependencia (peligrosa) con los Estados Unidos.

8.2.5. Los retos del TLCUEM

El propósito central del TLCUEM es establecer una relación más estrecha que la que existe entre los signatarios del T-MEC, ya que en palabras del francés Pascal Lamy "ahí (en el T-MEC) todo se centra en lo comercial y a los europeos nos interesa más un acercamiento global, desde todos los sectores"[127]. El TLCUEM brinda a las empresas establecidas en México la oportunidad de incrementar las exportaciones hacia un mercado potencial de más de 500 millones de personas. Sin embargo, la Unión Europea no tiene como objetivo en corto y mediano plazo la apertura de su mercado a los productos agrícolas mexicanos que podrían entrar en competencia con sus propios productos. Por otra parte, estos acuerdos, incluso si se dan por positivos, no constituyen de verdad una política prioritaria para los países parte de la Unión Europea; se consideran más bien como del interés específico de España (y en la práctica son las sociedades españolas quienes se han beneficiado del capítulo de inversión de este acuerdo).

Actualmente operan en aproximadamente 8 mil empresas europeas en México, no ocurre lo mismo con las firmas mexicanas en Europa, puesto que su visibilidad es prácticamente inexistente en el mercado europeo. Además, las instituciones mexicanas de fomento económico en el extranjero rara vez hablan frente a la empresa europea del TLCUEM y cuando lo hacen, simplemente se limitan a enmarcar las ventajas de la mano de obra mexicana y las ventajas fiscales para las inversiones en el país[128], por lo que

---

127 Excomisario de comercio de la Unión Europea, y ex director de la OMC.

128 Encuentros de la extinta PROMEXICO en las reuniones país México en la Cámara de Comercio del país de la Loira (Francia) en noviembre 2010 y abril 2011.

el TLCUEM carece de la difusión necesaria (y falta de expertos en la materia) con el objeto de interesar a las empresas mexicanas y europeas a acercarse a sus ventajas y beneficios.

8.2.6. Hacía un TLCUEM 2.0

En junio de 2016, México y la Unión Europea iniciaron negociaciones para la modernización del Tratado de Libre Comercio entre México y la UE. El 21 de abril de 2018, en Bruselas, Bélgica, los equipos negociadores lograron un acuerdo en principio sobre la modernización del TLCUEM y la Comisión Europea anunció en un comunicado de prensa el martes 28 de abril de 2020 que había concluido un acuerdo con México, pero hasta la fecha de esta publicación no ha sido ratificado ni por la Unión Europa, ni por México.

En este nuevo tratado, ambas partes se comprometen a cooperar en asuntos tales como el cambio climático y los derechos humanos, así como a coordinar su acción en cuestiones como la lucha contra la pobreza o la búsqueda de nuevos medicamentos.

Entre los puntos más destacados se encuentran el de nuevas oportunidades de acceso al mercado en productos agroalimentarios, ya que se eliminará casi todos los aranceles aduaneros sobre los productos que se comercian con la UE, en particular los productos agrícolas, lo que está provocando fuertes reacciones , pues ya preocupa a muchos agricultores y ecologistas en un contexto marcado por la pasada crisis sanitaria.

Los productos agrícolas, que hasta entonces no estaban incluidos en el tratado, ahora ocupan un lugar central. El acuerdo también prevé la apertura del mercado europeo a la importación de 20 mil toneladas anuales de carne bovina mexicana con aranceles aduaneros muy reducidos (7.5 por ciento). La carne de cerdo y la carne de aves estarán totalmente liberalizadas (es decir, sin derechos de aduana), con un derecho preferencial de 10 mil toneladas. Por el lado de las exportaciones, la UE se beneficiará de un mejor acceso al mercado mexicano de queso y productos lácteos. Con este acuerdo se espera, en particular, un contingente arancelario de 20 mil toneladas durante cinco años para los quesos maduros y de 5 mil toneladas durante cinco años para los quesos frescos. Además, se negociaron disposiciones para garantizar que las marcas de quesos que ya tienen mucho tiempo operando en el mercado mexicano (como manchego y parmesano), puedan seguir usando su nombre, siempre que se haga clara la distinción frente a los productos europeos.

Las nuevas condiciones vuelven ilegal vender en México imitaciones de 340 productos, comidas y vinos típicos de regiones específicos de la UE, como el champán, jamón Parma y vinagre balsámico de Módena. Esto les proporcionará a dichos productos un nivel de protección comparable a la que los beneficia en la UE. También se agregan las indicaciones geográficas para bebidas alcohólicas de la UE que México ya protege. Gracias al nuevo acuerdo, México y la UE facilitarán la exportación de productos alimenticios y bebidas de dos formas:

1) A través de la estandarización: México ha aceptado basar sus requisitos en normas internacionales que garantizan la seguridad alimenticia y sanidad animal y vegetal, fundado en las normas sanitarias y fitosanitarias, conocidas como SPS.

2) A través de la cooperación: México acordó que las agencias que establezcan y vigilen la correcta aplicación de las reglamentaciones sanitarias y fitosanitarias entrarán en contacto con sus homólogos de la UE a intervalos regulares.

Se implementan reglas innovadoras en términos de política económica y fiscal. Por ejemplo, la UE incluye por primera vez cláusulas de protección de inversiones en un acuerdo con un país latinoamericano. A través de éste, será más fácil para los productores y exportadores europeos vender sus productos en México y viceversa. En relación con la competencia, de conformidad con el acuerdo existente, las autoridades encargadas de ambas partes cooperan en la lucha contra los comportamientos ilícitos en el mercado.

El nuevo TLCUEM permitirá la aplicación de normas destinadas a simplificar y agilizar los trámites administrativos y controles físicos en la aduana mexicana, lo que debería beneficiar a todas las empresas de la UE, en particular a aquellas que producen y venden bienes como productos agroalimentarios, combustibles minerales, medicamentos y equipos de transporte. Sin embargo, los actores del sector agrícola, sobre todo los franceses, están lejos de compartir el mismo entusiasmo por las posibles afecciones a su sector.

El acuerdo UE-México revisado obliga a los Estados miembros y el Estado mexicano, a partir de cierta cantidad, adjudicar contratos públicos también a las empresas de sus socios comerciales. Según la Comisión Europea, esta es la primera vez que México otorga acceso al mercado de empresas extranjeras a contratos públicos. También se amplía la cobertura de servicios y se extiende el acceso en compras públicas.

Se fortalece la protección a las inversiones que se realizan entre las dos economías, incorporando un nuevo mecanismo para la solución de controversias entre inversionistas y Estados. El gobierno mexicano se compromete a tratar a los proveedores de la Unión exactamente como trata a los mexicanos ("tratamiento nacional") al regular el mercado de servicios. Así, México ha implementado recientemente reformas importantes en la forma en que maneja su industria de servicios, al abrir sus mercados para energía, telecomunicaciones y servicios de financiación, dando acceso a las empresas de la UE y garantizando la confianza necesaria para que puedan establecer o expandir su negocio en México.

El nuevo acuerdo mejora la protección en México de los derechos de propiedad intelectual en poder de personas físicas o empresas de la UE, lo que vuelve ilegal en México vender imitaciones de productos alimenticios y bebidas típicas de regiones específicas de la UE, como el champán, jamón de Parma y vinagre balsámico de Módena; así como proteger las obras de los artistas de la UE, por ejemplo, ilegalizando en México la copia ilícita de sus obras o su uso sin pago de regalías.

En relación con el uso de las tecnologías, el nuevo acuerdo pretende garantizar que cualquier persona en la UE o México puede llevar a cabo una venta de bienes en línea y con la misma facilidad y seguridad que una transacción en físico. Elimina las barreras y establece reglas para que las empresas puedan realizar sus negocios en línea con seguridad.

Se incluye un capítulo de pequeñas y medianas empresas para facilitar la participación de éstas en el comercio internacional; así como un capítulo de comercio y desarrollo sostenible, para promover un uso más eficiente de los recursos y la protección de la biodiversidad, e igualmente un capítulo de anticorrupción, que fomenta la cooperación y mejores prácticas en la materia.

8.2.7. Las críticas a la relación comercial México-Unión Europea

Algunos de los aspectos críticos sobre la relación comercial actual en el marco de TLCEUM es que 20 años después de la entrada en vigor del acuerdo, las expectativas de México no se han hecho realidad, aunque el comercio entre la UE y México aumentó 148 por ciento desde 2000. Las exportaciones no se han diversificado y las condiciones de vida de la población local no ha mejorado.

Solo 5 por ciento de todas las exportaciones mexicanas fue a la UE en 2019 y 80 por ciento a los Estados Unidos. Un tercio de todas las exportaciones mexicanas a la UE tienen como destino Alemania, cuando en el espacio Unión Europea cohabitan 27 países. Además, las cifras no muestran un crecimiento en el empleo por el TLCUEM; incluso podrían existir pérdidas.

Con la negociación del nuevo TLCUEM se estima que, por la reducción arancelaria en productos europeos, podría significar 100 millones de euros en pérdidas para la hacienda pública mexicana. Con este dinero se podría financiar el nuevo programa presupuestario para impulsar el sector agropecuario y pesquero en México durante unos tres años. Además, con la firma del nuevo tratado revisado, México se compromete a adherirse a la última convención de la unión internacional para la protección de variedades vegetales de 1991. Esto ayuda a avanzar en la privatización de las semillas y pone en peligro las estructuras de los pequeños agricultores. Con lo que se refuerza también el poder de los fabricantes europeos de semillas y plaguicidas y podría aumentar su dominio en el mercado. Incluso hoy en día, los plaguicidas no autorizados en la UE se exportan a México, un problema que más tarde podría empeorar.

Cabe señalar que el nuevo tratado, en su capítulo sobre inversión, es el primero de su género con un país latinoamericano que otorga a las empresas europeas el derecho exclusivo a demandar el Estado mexicano ante los tribunales en el contexto del arbitraje internacional. México es actualmente el sexto país en el mundo más demandado en tribunales de arbitraje inversor-Estado, lo que podría generar dificultades ante el poco respeto de la ley en el país.

En conclusión, los críticos establecen que fomenta la liberalización y desregulación del comercio. Respecto a la contratación pública, en el nuevo tratado se obliga a ser abierta a inversionistas extranjeros, provocando el debilitamiento de las cadenas locales de creación de valor en México, destruyendo la creación de empleo y promoviendo aún más la privatización. Mientras que los inversores extranjeros tienen derechos especiales de recursos legales, las personas afectadas por la actividad de las empresas ni siquiera son tenidas en cuenta en este acuerdo. En lugar de hacer protección del clima y del medio ambiente, así como garantía de buenas condiciones de trabajo, los elementos principales del nuevo acuerdo, sólo se mencionan en el capítulo sobre desarrollo sostenible, pero no se prevé ninguna sanción si se infringen.

8.3. Tratado Integral y Progresivo de Asociación Transpacífico (TIPAT)

El TIPAT sin duda alguna es uno de los principales tratados económicos en el mundo por la cantidad de habitantes que representa (podría competir con la Unión Europa); sin embargo, la salida de Estados Unidos de este tratado ocasionó que perdiera gran impulso, firmado por el resto de los países (algunos aún en proceso de ratificación), y con pocos reflectores.

8.3.1. Un tratado que nace sin su principal motor: Estados Unidos

Hoy en día es conocido como Tratado Integral y Progresivo de Asociación Transpacífico (*Comprehensive and Progressive Agreement for Trans-Pacific Partnership*, CPTPP). El actual Tratado Transpacífico tiene su origen en el Acuerdo Estratégico Transpacífico de Asociación Económica, popularmente es denominado como el *Pacific four* o P4. El nombre proviene de sus precursores: Chile, Brunéi, Nueva Zelanda y Singapur. El acuerdo entre estos cuatro países se llevó a cabo en 2004 y fue la base de la creación del APEC (Foro de Cooperación Económica Asia-Pacífico), que buscaba la liberalización del comercio y la inversión.

Después se convirtió en el denominado Tratado Transpacífico de Cooperación Económica[129], también conocido como TPP (por sus siglas en inglés), fue un pacto comercial de libre comercio, firmado en febrero de 2016 por 12 países de Asia, América y Oceanía, que bordean el Pacífico. Los países que firmaron el acuerdo son Estados Unidos, Japón, Australia, Nueva Zelanda, Canadá, Malasia, Vietnam, Singapur, Brunéi, México, Perú y Chile. Cabe mencionar que, aunque la administración estadounidense de Obama trabajó arduamente durante ocho años para negociar el TPP, bajo la administración del presidente Donald Trump se declaró formalmente el 23 de enero de 2017 que Estados Unidos no se uniría al Acuerdo Transpacífico de Cooperación Económica, y bajo la administración de Biden no ha regresado a ser parte de éste.

---

[129] Al respecto ver Cruz Miramonte, R. *Acuerdo Transpacífico (TPP): una visión crítica.* Instituto de Investigaciones Jurídicas-UNAM. Consultado el 23/07/2018. Disponible en https://archivos.juridicas.unam.mx/www/bjv/libros/8/3984/21.pdf

Tras la salida de Estados Unidos, el 21 de febrero de 2018 se publicó la versión final del tratado, donde se eliminan las reglas impuestas por este país. En marzo de 2018 se firmó el hoy en día denominado TIPAT o TPP-11, ya que, sin la presencia de EU, los 11 Estados restantes representan un mercado de 500 millones de personas y un PIB de 10 billones de dólares. Del lado de América, los participantes son Canadá, México, Chile y Perú. En la región de Asia-Pacífico, los participantes son Australia, Brunéi, Japón, Malasia, Nueva Zelanda, Singapur y Vietnam. Económicamente, el socio más importante es Japón, que aporta alrededor de la mitad del PIB total y Canadá ocupa el segundo lugar en importancia, con alrededor del 15 por ciento del PIB total. En México, se ratifica el 28 de junio de 2018 y el tratado se encuentra con vigencia desde el 30 de diciembre de 2018 (por lo menos para los seis países que hasta el momento lo han ratificado).

El TIPAT incorpora la mayoría de las disposiciones del Tratado de Asociación Transpacífico original. Además, preserva el mismo nivel de ambición en materia de reglas comerciales y acceso al mercado, lo que proporciona procedimientos actualizados para el retiro, la adhesión y la revisión, una vez que el tratado sea ratificado por cada país firmante.

8.3.2. Análisis general del TIPAT

Con un total de 30 capítulos, el TIPAT incluye compromisos ambiciosos de acceso al mercado para el comercio de bienes y servicios, inversión, movilidad laboral, anticorrupción y contratación pública. El tratado también establece reglas claras que ayudan a crear un ambiente consistente, transparente y justo para hacer negocios en los mercados que integra el TIPAT, e incluye capítulos dedicados a favorecer elementos clave como barreras técnicas al comercio, medidas sanitarias y fitosanitarias, procedimientos aduaneros, transparencia y el rol de las empresas estatales. Además, el TIPAT incluye capítulos sobre protección ambiental y derechos laborales, cuyos capítulos son exigibles a través de la resolución de disputas, para garantizar que los miembros del TIPAT no se cambien sus compromisos en estas áreas con la finalidad de aumentar el comercio o la inversión. El tratado también incluye una variedad de capítulos destinados a la cooperación técnica relacionada con el comercio entre los Estados miembros, incluso sobre pequeñas y medianas empresas, coherencia regulatoria y desarrollo económico.

Los países que firmaron el TIPAT representan alrededor de 14 por ciento del PIB mundial y 25 por ciento del comercio internacional y pretenden crear un nuevo bloque económico en el Pacífico mediante la reducción de los aranceles aduaneros. El tratado estipula un cambio de reglas sobre el intercambio de bienes y servicios, los precios de los alimentos, el costo de la atención hospitalaria y las normas para el intercambio y la protección de datos. También se introducen nuevas reglas sobre la inversión, el medio ambiente y el trabajo. En general, el tratado afectará a más de 18 mil aranceles aduaneros. También, la Asociación Transpacífica se refiere al libre comercio de una gran cantidad de productos. El tratado incluye la industria del automóvil, la industria del cine, el acceso a Internet y la protección de las especies naturales. Con la firma del TIPAT se cancelan una serie de impuestos que algunos países aplican a bienes de terceros, mientras que otros sólo se reducirán.

El nuevo Tratado Integral y Progresista de Asociación Transpacífico (TIPAT), eliminó 22 artículos del TPP negociados originalmente, de los cuales 11 pertenecían al capítulo de Propiedad Intelectual, es especial la sección relativa a productos farmacéuticos y derechos de autor, los cuales se encontraban vinculados a Internet. Además, se contempla que en los próximos 20 años todos los Estados miembros del TIPAT deben alcanzar el 100 por ciento de liberación en sus bienes y servicios[130].

---

130 Centro Gilberto Bosques. (2016). *El Acuerdo de Asociación transpacífico (TPP): perspectivas para su aprobación en los Estados miembros*. Senado de la República. Consultado el 23/07/2018. Disponible en http://centrogilbertobosques.senado.gob.mx/docs/NC_TP.pdf

8.3.3. Los contenidos específicos más notables del TIPAT

Entre lo más destacado del TIPAT se encuentran las siguientes disposiciones:

- Comercio de bienes: elimina aranceles y reduce barreras para 98 por ciento de las exportaciones a los países miembros del tratado.
- Reglas y procedimientos de origen: los exportadores y productores en México ahora cuentan con reglas claras y favorables que determinan qué mercancías se consideran originarias, así como procedimientos que establecen obligaciones para los importadores, exportadores y productores si el importador desea solicitar trato arancelario preferencial. Las empresas pueden contactar a la administración de aduanas del mercado al que se dirigen para obtener una resolución anticipada sobre el origen de su producto.
- Aduanas y facilitación del comercio: México y otros países del TIPAT están trabajando para mantener los procedimientos aduaneros simples, eficientes, claros y predecibles. Esto reduce los tiempos de procesamiento en la frontera y facilita el transporte de mercancías entre países del TIPAT.
- Cooperación regulatoria y evaluación de la conformidad: el TIPAT ayuda a reducir los requisitos regulatorios innecesarios. También incluye medidas que facilitan a los mexicanos realizar negocios en la región de Asia-Pacífico.
- Compras gubernamentales: las empresas mexicanas recibirán el mismo trato que los proveedores nacionales cuando presenten ofertas para compras gubernamentales en los países miembros del TIPAT.
- Comercio de servicios y movilidad laboral: el TIPAT aumenta la previsibilidad y elimina muchas barreras encontradas en la frontera, como cuotas y pruebas de mercado

laboral. Por lo tanto, los empresarios mexicanos pueden viajar más fácilmente por motivos de negocios o para trabajar temporalmente en algún país miembro del TIPAT.

- Inversión: las disposiciones de inversión del TIPAT están destinadas a brindar mayor certeza, estabilidad y protección a los inversionistas y garantizarles el acceso a los mercados de México y Asia-Pacífico.
- Propiedad intelectual: el TIPAT establece un estándar regional para la protección y aplicación de la propiedad intelectual en la región de Asia y el Pacífico, que proporciona a los creadores e innovadores mexicanos un marco normativo transparente y predecible para llevar a cabo sus actividades en los países miembros del tratado comercial.
- Trabajo: el TIPAT contiene compromisos claros que buscan defender los respectivos estándares laborales de los estados miembros y evitar que se eludan dichas obligaciones para obtener ganancias comerciales.
- Comercio inclusivo: el tratado promueve el enfoque inclusivo para el comercio al incluir disposiciones para garantizar que los beneficios del comercio se distribuyan más ampliamente, incluso con grupos subrepresentados como mujeres, pymes y pueblos indígenas.
- Combate contra la corrupción: todos los países miembros del TIPAT están obligados a crear o mantener normas de carácter penal para combatir el soborno de funcionarios públicos, imponer reglas más estrictas de mantenimiento de registros y establecer programas de capacitación para promover la integridad de los funcionarios públicos. Estas medidas tienen como objetivo elevar los estándares de aplicación de las medidas anticorrupción en todos los países signatarios del tratado comercial, con el objetivo de reducir la incidencia de la corrupción en el comercio internacional y la inversión entre los países.

- Política de competencia: el capítulo del TIPAT sobre política de competencia es mucho más sustancial que sus contrapartes en otros acuerdos comerciales. Requiere que todos los países adopten o mantengan leyes nacionales de competencia y que prohíban la conducta comercial anticompetitiva, así como leyes de protección al consumidor que castiguen las actividades comerciales fraudulentas y engañosas. La aplicación de estas políticas debe ser, en la medida de lo posible, procesalmente justa y transparente. De conformidad con el tratado, cada país también está obligado a otorgar a las personas un derecho de acción privado para solicitar una compensación por daños ocasionados a sus negocios o a su propiedad para que surjan de una infracción de la ley nacional de competencia.
- Medio ambiente: considerado como acuerdo comercial moderno e innovador, el TIPAT tiene un capítulo importante sobre obligaciones ambientales, y sus disposiciones en esta área son aproximadamente equivalentes a las que se encuentran en el T-MEC. El capítulo del TIPAT se refuerza con un mecanismo de resolución de disputas.

8.3.4. Ventajas para las empresas mexicanas

El TIPAT ofrece diversas ventajas para cualquier empresa instalada en el territorio mexicano:

- Competitividad: las reducciones arancelarias harán que la exportación sea menos costosa, lo que permitirá a las empresas mexicanas establecer precios competitivos en los mercados de Asia-Pacífico y, en algunos casos, les dará una ventaja inicial.
- Acceso a nuevos clientes: una vez que el TIPAT esté completamente implementado, las empresas mexicanas tendrán acceso a un bloque comercial que representará a

500 millones de consumidores y el 14 por ciento del PIB mundial. Esto significa un nuevo acceso preferencial a mercados clave en Asia, incluidos Japón, Vietnam y Malasia (una vez que este país ratifique el acuerdo).

- Transparencia y estabilidad del mercado: el TIPAT brinda a los proveedores de servicios mexicanos una mayor protección, previsibilidad y transparencia para realizar negocios en los mercados asociados. Las empresas mexicanas pueden competir en licitaciones públicas, sabiendo que serán tratados igual que las empresas nacionales de cada país y tendrán acceso a toda la información necesaria para preparar y someter su oferta de contratación pública.
- Barreras comerciales reducidas: los compromisos de entrada temporal en México eliminan algunas barreras, como cuotas y pruebas del mercado laboral, por lo que puede enviar temporalmente a su personal a trabajar en países socios o traer personal clave más fácilmente al país.

Sin duda alguna, el TIPAT se firma una situación comercial compleja y en un mundo completo, sobre todo previo a una pandemia que generó problemas económicos y dentro de una guerra comercial entre naciones del orbe. Si se llega a ratificar por todos los países parte del acuerdo y se hace buen uso del tratado comercial, se crearía un equilibrio en el comercio internacional y nuevas oportunidades para México.

8.4. La Alianza del pacífico (AP)

La AP es un tratado comercial con gran potencial, pero prácticamente sin utilizar por las empresas de los países miembros, debido a los cambios políticos tan abruptos que han tenido algunos países, lo que ha provocado inestabilidad, sumado a la pandemia de la COVID-19 y la poca promoción que existe por parte de las instituciones de fomento económico, por lo menos en lo que respecta a México.

8.4.1. La creación de la Alianza del Pacífico

La Alianza del Pacífico (AP) fue fundada tras la declaración de Lima del 28 de abril de 2011 y de la firma del Acuerdo del Pacífico del 6 de junio de 2012 en Antofagasta, Chile. Entró en vigor a partir de julio de 2015 y se convirtió en un mecanismo de unificación regional integrado por los cuatro miembros fundadores: México, Colombia, Chile y Perú. Esta iniciativa tiene como impulsor a Perú, que se inscribe con el Arco del Pacífico, creado en 2008 y que reúne a todos los estados latinoamericanos del lado del Océano Pacífico, con el objetivo de intensificar sus relaciones con la región de Asia-Pacífico.

La Alianza del Pacífico reúne a varios de esos Estados de dicho arco. Actualmente, la Alianza del Pacífico cuenta con 61 estados observadores. Una etapa del estado observador puede adquirir la integración como Estado miembro, pero hasta 2022 no se han adherido nuevos miembros, ya que muchos de ellos operan con el acuerdo marco del Tratado Integral y Progresista de Asociación Transpacífico. En junio de 2017, la Alianza del Pacífico invitó a Canadá, Australia, Nueva Zelanda y Singapur a convertirse en Estados Asociados. La propuesta implica que cada país negocie un acuerdo integral de libre comercio con la Alianza del Pacífico.

El máximo órgano político es la reunión anual de presidentes y el órgano ejecutivo es el Consejo Interministerial (ministros de Relaciones Exteriores y ministros de Comercio), este grupo asegura la supervisión y seguimiento de los acuerdos realizados. La presidencia es anual y rotatoria entre los miembros de la Alianza. Además, la Alianza del Pacífico puede ser considerada como el vector de la política económica de México, ya que para nuestro país la AP se traduce en un trampolín para diversificar a sus socios.

8.4.2. El proceso de unificación en la Alianza del Pacífico

Este proceso de integración busca estimular el dinamismo regional y el empleo, con la creación de mercados atrayentes entre los Estados parte de la AP, para conseguir una mayor competitividad a nivel mundial. Entre las características más relevantes, y de acuerdo con el Doing Business 2015 del Banco Mundial, se establece:

> En América Latina y el Caribe los países miembros de la Alianza del Pacífico ocupan los primeros lugares en el ranking de facilidad para hacer negocios: Colombia (1°), Perú (2°), México (3°) y Chile (4°). El Producto Interno Bruto (PIB) de los países de la Alianza del Pacífico reúne el 38% del PIB total de América Latina y el Caribe[131].

Los países miembros de la Alianza del Pacífico representan alrededor del 50 por ciento del comercio exterior en la región de América Latina. Además, los cuatro países atraen aproximadamente 47 por ciento del total de inversión extranjera directa de América Latina y el Caribe.

La Alianza del Pacífico no es sólo una plataforma de integración comercial; también sirve para desarrollar metas comunes y compartir mejores prácticas comerciales en varias áreas, incluyendo turismo, propiedad intelectual, marcos regulatorios, temas de género, innovación, minería y cambio climático.

En ese sentido, entre las acciones transcendentales que se han llevado en el marco de la Alianza, el denominado Protocolo Adicional al Acuerdo Marco, el cual fue suscrito el 10 de febrero de 2014 y entró en vigor el 1 de mayo de 2016. Tiene por objetivo profundizar sobre los acuerdos comerciales bilaterales entre los cuatro países miembros de la Alianza del Pacífico, con la finalidad de facilitar el comercio, promoviendo procedimientos aduaneros eficientes, transparentes y previsibles para sus importadores y exportadores. Esto se logró derivado de que

---

131 Cfr. Romero, J. F. (2015). *Integrando mercados: MILA, motor de la Alianza del Pacífico.* Universidad Peruana de Ciencias Aplicadas (UPC). Consultado el 23/07/2018. Disponible en: https://ebookcentral.proquest.com/lib/bibliouagsp/detail.action?docID=4184885.

92 por ciento de los productos y servicios que se comercializan entre los cuatro Estados miembros, han quedado exentos de pago de todo arancel, el resto de los productos y servicios tendrán una eliminación progresiva de sus aranceles de tres y siete años, y un porcentaje muy reducido de productos denominados "sensibles" tendrá un calendario de liberación que puede ir hasta los 17 años. En ese sentido, otros productos gozarán de una protección: el azúcar y productos relacionados, quedaron fuera del trato preferencial otorgado. Además, se establecieron reglas de origen con el objetivo de ser únicas y sencillas, así como facilidades para aquellas situaciones en que los productos no provengan de los miembros de la AP.

8.4.3. Los objetivos de la Alianza del Pacífico

La Alianza del Pacífico mantiene un espíritu de transcendencia en el ámbito comercial con la finalidad de robustecer el trabajo conjunto y coordina, entre las diversas agencias de promoción económica de los países miembros, la apertura de embajadas en forma conjunta en países donde aún no se cuenta con representación para realizar operaciones de promoción en común, alcanzar colaboración más estrecha y fortalecer el desarrollo e innovación de las pymes. Además, se pretende promover el estudio de los efectos relacionados al cambio climático, los intercambios académicos y estudiantiles, entre otros.

Otros de los objetivos principales de la AP es construir, de forma interactiva y negociada, una región que se integre de manera profunda, para tener un avance progresivo hacia la total liberación de circulación de bienes, capitales, servicios y personas, así como promover un mayor incremento, mejora y competencia de los mercados de los países miembros. El objetivo es lograr una mayor riqueza en las poblaciones, el combate de la inequidad socioeconómica y la inserción social de sus ciudadanos. La AP busca transformarse "en una plataforma de articulación política, de integración económica y comercial, y de proyección al mundo, con especial énfasis en el Asia Pacífico"[132].

Asimismo, la AP tiene como finalidad la creación de más oportunidades comerciales, sobre todo para las empresas (especialmente las pymes) y favorecer las cadenas de valores regionales, para que los cuatro países miembros logren proyectarse de forma más competitiva hacia los mercados internacionales. En ese sentido, se creó la "Plataforma de integración bursátil" para la promoción de la integración financiera entre las diferentes bolsas de valores de Colombia, Chile y Perú, pero sin tener una fusión o una unificación corporativa por parte de sus miembros. Además, se estableció la Plataforma de Movilidad Académica y Estudiantil, que tiene como finalidad otorgar becas a los estudiantes de los Estados miembros de la AP que quieran realizar estudios en alguno de sus países. En cuanto a la movilidad de los ciudadanos, los países de la Alianza adoptaron la abolición de las visas de turista y negocios para estancias de hasta seis meses. También se implementó la creación de una "visa de la Alianza del Pacífico", que permitirá a los turistas con visa de uno de los países miembros viajar a los otros países.

En cuanto al intercambio de bienes, el nivel de integración de las relaciones comerciales es considerablemente alto, porque la mayoría de los miembros de la AP ha liberalizado o está en proceso parte de sus productos, con algunas excepciones. No todos los productos tienen exoneración de impuestos; hay algunos excluidos de las conversaciones por ser sensibles (especialmente los agrícolas, solo se pagarán impuestos y mantenidos durante algún tiempo, como en el café, el plátano y otros alimentos); otros tienen salvaguardia temporal. Dependiendo del producto, hay listas de desgravaciones rápidas (inmediatas o máximo en cinco años); otras de desgravación lenta (hasta 10 años), para que las empresas vayan innovando y

---

132 Ver León Manríquez, J. L. y Juan José Bonilla Ramírez, J. J. (2014). *La Alianza del Pacífico: alcances, competitividad e implicaciones para América Latina.* México. FLACSO. Friedrich-Ebert-Stiftung.

preparándose para la competencia extranjera. La AP admitirá el desarrollo de tácticas conjuntas para acelerar el ingreso de productos de la región a los diversos mercados asiáticos, siguiendo el ejemplo logrado por Chile y Perú, que tienen en esa región del mundo un gran motor de su comercio internacional[133].

En relación con las inversiones, el nivel de integración es similar al de los productos, ya que también existen algunos sectores excluidos, pero sin duda alguna, en la mayoría de los casos se trató de normar y existen reglas que admiten una protección adecuada de las inversiones. En los cuatro países existen acuerdos y normas para la protección de las inversiones de forma bilateral, así como acuerdos bilaterales para prevenir la doble tributación. Además, los cuatro países miembros de la AP se identifican por ser grandes receptores de la inversión extranjera. Esto es posible debido a las medidas adoptadas, que se caracterizan por ser claras hacia los capitales extranjeros.

Una de las grandes materias que incorpora la AP es la liberación del mercado de capitales y la unificación de las bolsas de valores. Esta área ha llamado la atención de inversores extranjeros, así como la intención de las empresas de los países miembros de la AP para acceder a dichos mercados relativamente homogéneos, sobre todo en lo referente al desarrollo de la política macroeconómica antes de la pandemia por COVID-19.

Debido a la poca madurez y los constantes cambios políticos de la zona comercial de la AP, los resultados aún no han sido evidentes y contundentes, sólo el tiempo nos permitirá conocer sus aspectos positivos y negativos. Sin embargo, es un acuerdo internacional con gran potencial para diversificar las oportunidades comerciales de México, ya que es un bloque comercial integrado por países con grandes similitudes a nuestra economía, esperemos que sus gobernantes no lo dejen de lado.

---

133 *Ibidem.* p. 118.

CONCLUSIONES DEL TEMA

Los tratados internacionales son una pieza clave para el desarrollo de un país en el comercio mundial, ya que permiten que sus economías se mantengan activas y generando riquezas. Desgraciadamente México se encuentra con una gran dependencia del Tratado de Libre Comercio de América del Norte, hoy denominado T-MEC y que, a pesar de atenuar la incertidumbre generada por el TLCAN, aún la economía mexicana se enfrenta a grandes retos, entre ellos, la diversificación de mercados. Cabe señalar que, a pesar de que México posee excelentes tratados internacionales, además del T-MEC, los empresarios hacen poco uso de ellos, por el confort que proporciona la cercanía geográfica y la importancia de la economía norteamericana. Por ello, el conocimiento y la utilización de los nuevos instrumentos comerciales internacionales proporcionan una fuente de diversificación que se debe aprovechar para el beneficio de la actividad comercial internacional y, así, favorecer a nuestras empresas y el crecimiento económico de nuestro país.

9. La inversión extranjera en México

Desde el inicio de la década de los noventa, la nación mexicana ha tenido mayor desarrollo que otros países en lo que respecta al levantamiento de prohibiciones a la entrada de capital extranjero y llegada de Inversión Extranjera Directa (IED). Los principios básicos del trato en las inversiones provenientes del extranjero se encuentran previstos en la mayoría de los instrumentos jurídicos internacionales firmados por México, en particular el capítulo 14 del T-MEC, el artículo 15 del Tratado de Libre Comercio con la Unión Europea y México y el artículo 5 y 6 de la Decisión núm. 2/2001 del Consejo Conjunto UE-México del 27 de febrero de 2001 del TLCUEM, el capítulo 9 del TIPAT y capítulo 10 de la Alianza del Pacífico. El contenido principal y fundamental en los tratados es el concepto de la no discriminación a las inversiones que se establece como una serie de obligaciones tomadas por México para tratar las inversiones extranjeras no menos favorables que las nacionales o provenientes de un país determinado en la misma igualdad de circunstancias, lo cual se traduce en no discriminación en la fase previa de inversión y después del establecimiento del inversionista o su inversión en el país.

9.1. Las cifras clave de la IED en México

México es uno de los países emergentes que ha tenido mayor apertura a la inversión extranjera directa, es el noveno receptor en el mundo. En 2020, las llegadas de IED en México estuvieron fortalecidas en comparación con el resto de los países de la región, ya que el país sufría de una recesión desde 2019. De acuerdo con el *Informe sobre las Inversiones en el Mundo 2021* de la Conferencia de las Naciones Unidas sobre Comercio y Desarrollo (CNUCED)[134], las entradas

[134] Naciones Unidas. (2021). Consultado el 23/03/2022. Disponible en: https://unctad.org/system/files/official-document/wir2021_overview_es.pdf

de IED cayeron a 29 mil millones de dólares en 2020, en comparación con 34 mil millones de dólares el año anterior, que representa en promedio 15 por ciento menos. No obstante, 60 por ciento de las entradas se generaron durante el primer trimestre del año, cuando habitualmente se registran las utilidades destinadas a reinversión. En general, las entradas de IED en México se han visto afectadas por la creciente incertidumbre en relación con el programa económico del gobierno, su énfasis en la austeridad fiscal, la caída de las inversiones fijas y la contracción del PIB (-8.2 por ciento). Estos factores se vieron agravados por las preocupaciones constantes sobre la postura crítica de la administración actual acerca de las asociaciones público-privadas (APP) y el papel del sector privado en industrias clave, así como la situación financiera de la compañía petrolera Pemex y la ayuda masiva que recibe del gobierno (estimado en 3,500 millones de dólares). Además, los cambios en el plan quinquenal y en la política de CFE, el proveedor público de electricidad, desincentivaron la inversión privada en servicios públicos y contribuyeron a una caída de 67 por ciento de la IED en producción, transporte y distribución de electricidad.

Las inversiones extranjeras provienen principalmente de Estados Unidos, España, Canadá y Alemania y se enfocan principalmente en los sectores manufactureros (como la industria automotriz), los servicios financieros y de seguros, el comercio minorista y mayorista y las comunicaciones. Se concentra en las ciudades cercanas a la frontera con Estados Unidos (donde se ubican muchas plantas ensambladoras), así como en la capital del país. Gracias a su sólida industria turística, la península de Yucatán también recibe una importante inversión extranjera. Los flujos de IED al país fluctúan mucho dependiendo de la llegada y salida de grandes grupos internacionales.

Como miembro del T-MEC, la OCDE, el G20 y la Alianza del Pacífico, México se encuentra integrado en el concierto económico mundial, lo que lo convierte en un país atractivo para la IED. Además, se beneficia de una ubicación estratégica, un gran mercado interno, una amplia variedad de recursos naturales, una mano de obra relativamente bien calificada y una economía diversificada.

Sin embargo, en los últimos años la competitividad de México se ha visto afectada por el aumento del crimen organizado, la falta de reformas en el sector energético y las regulaciones tributarias. La corrupción y la ineficiencia administrativa también han sido problemas importantes, por lo que el clima de negocios continúa sufriendo riesgos de seguridad en el país. México ocupa el puesto 60 de 190 en la última publicación *Doing Business* del Banco Mundial (2020), cayendo seis lugares en comparación con el año anterior. Entre las inversiones más importantes que se han realizado en los últimos años se encuentra la compra del banco mexicano ABC Capital por parte de la Fintech argentina Ualá, en 2021, sin embargo, no se ha revelado el valor de la transacción.

El gobierno mexicano ha creado un ambiente abierto y seguro para los inversionistas extranjeros. Las políticas económicas emprendidas recientemente deben permitir a los inversionistas garantizar la seguridad de sus operaciones, pues a pesar de un entorno externo desfavorable a nivel global, México es líder en IED atraída a América Latina. A la fecha, el país ha negociado 35 acuerdos bilaterales para la promoción y protección mutua de inversiones, esto lo convierte en lugar seguro para invertir y una base ideal para exportar.

9.2. El principio de la no discriminación de inversiones

La OCDE define la Inversión Extranjera Directa (IED) como:

> Una categoría de inversión que refleja el objetivo de establecer un interés duradero por parte de una empresa residente en una economía (inversionista directo) en una empresa que es residente en una economía distinta a aquella del inversionista directo (inversión directa en una empresa)[135].

---

135 Ver el *Glosario de términos y definiciones de inversión extranjera directa de la OCDE*. (Versión en español). Cuarta edición de 2008. Consultado el 22 de febrero de 2018. Disponible: http://www.oecd.org/document/33/0,3746,en_2649_34529562_33742497_1_1_1_34529562,00.html

En ese sentido, la integración de la cláusula del Trato Nacional o la Nación más Favorecida en los tratados internacionales tiene su justificación en el hecho de que los países, cuando reciben una inversión extranjera, tratan a dichas inversiones de forma distinta que a una inversión nacional. Lo anterior encuentra su legitimación en el derecho internacional costumbrista, el cual no exige a los países que reciben inversiones extranjeras garantizar un tratamiento no discriminatorio a los inversionistas que desean ejercer sus actividades en el país de acogida o que ya se encuentran instalados en el mismo. Por otra parte, los países constantemente suprimen obstáculos de naturaleza discriminatoria concernientes a la entrada de capital extranjero en sus territorios. Inclusive, y dada la intensidad de la competencia en la atracción de la IED, algunos países incitan dicha inversión creando una forma de "discriminación" con relación a sus empresas nacionales.

De acuerdo con la Organización Mundial del Comercio (Documento WT/WGTI/W/122, del grupo de trabajo de lazos entre comercio e inversionistas de 2002), el tratamiento no discriminatorio de las inversiones internacionales es necesario para uniformizar las condiciones a nivel mundial, mejorar la asignación de recursos y reducir las distorsiones a los mercados. La discriminación fundada debido a la nacionalidad o el domicilio del inversionista actualmente no tiene sentido alguno debido a las estructuras complejas que se crean en torno a las empresas multinacionales. De manera que dos son los principios en torno a los cuales gira la no discriminación en la IED: el Trato Nacional y el de la Nación más Favorecida.

9.2.1. El Trato Nacional

El Trato Nacional se traduce en que el país de la recepción de la inversión, en este caso México, se obliga a tratar al inversionista y la inversión extranjera que opera en su territorio de manera idéntica o comparable a la forma en que es tratado un inversor o una inversión nacional. Lo anterior no afecta la política económica interior del país de acogida, por ejemplo, en lo concerniente a la liberación de algunos sectores económicos. Esto es, se debe garantizar que el trato aplicable no modifique las condiciones de competencia en detrimento del servicio o de la inversión extranjera.

El principio del Trato Nacional se aplica al momento del establecimiento de la inversión y no después de la misma, es decir, en la participación de las empresas existentes por extranjeros o por inversionistas no residentes en el país. El T-MEC al respecto establece en el capítulo 14, artículo 14.4 lo siguiente:

> Cada una de las Partes brindará a los inversionistas de otra Parte un trato no menos favorable que el que otorgue, en circunstancias similares, a sus propios inversionistas en lo referente al establecimiento, adquisición, expansión, administración, conducción, operación y venta u otra forma de disposición de inversiones en su territorio.

Por su parte, el artículo 6 de la Decisión núm. 2/2001 del Consejo Conjunto UE-México de 27 de febrero de 2001, establece que:

> 1. Cada Parte, [...] otorgará a los servicios y a los proveedores de servicios de la otra Parte, con respecto a todas las medidas que afecten el suministro de servicios, un trato no menos favorable que el que otorgue a sus propios servicios similares o proveedores de servicios similares.
>
> 2. Cualquier Parte podrá cumplir lo estipulado en el párrafo 1 otorgando a los servicios y a los proveedores de servicios de la otra Parte un trato formalmente idéntico o formalmente diferente al que otorgue a sus propios servicios similares y proveedores de servicios similares.
>
> 3. Se considerará que un trato formalmente idéntico o formalmente diferente es menos favorable, si modifica las condiciones de competencia a favor de los servicios o proveedores de servicios de la Parte, en comparación con los servicios similares o con los proveedores de servicios similares de la otra Parte.

En ese sentido, se concluye que la obligación del Trato Nacional debe aplicarse en caso de discriminación *de facto* y *de jure*, y se extiende a medidas o prácticas de las entidades gubernamentales a las cuales se ha delegado un poder reglamentario en materia de inversiones. El Trato Nacional se complementa con el principio de la Nación más Favorecida.

9.2.2. El principio de la Nación más Favorecida (NMF)

Cabe decir que dicho principio es uno de los elementos primordiales de los tratados internacionales de inversiones entre países y significa que el país de la recepción de la inversión debe aplicar a los inversionistas de un país extranjero un trato no menos favorable a aquel que se acuerdan a los inversionistas de otros países extranjeros, cualquiera que sea su origen. No afecta el derecho del país de acogida de la inversión de excluir totalmente las inversiones privadas de ciertos sectores económicos. Un tratamiento será considerado como *menos favorecido* si éste transforma las situaciones de competencia en favor de la empresa o el inversionista del país de acogida con relación a los servicios similares del proveedor o la inversión extranjera proveniente de otro país.

En regla general, este principio es norma absoluta en los instrumentos internacionales de inversión, ya que se aplica aun cuando del Trato Nacional no es aplicado por una de las partes y se utiliza, en regla general, al tratamiento que reciben los inversionistas después de su establecimiento en el país. Por ejemplo: El T-MEC señala lo siguiente, en el capítulo 14, artículo 14.5, párrafo 1:

> Cada Parte otorgará a los inversionistas de otra Parte un trato no menos favorable que el trato que otorga, en circunstancias similares, a los inversionistas de cualquier otra Parte o de cualquier no Parte en lo referente al establecimiento, adquisición, expansión, administración, conducción, operación y venta u otra forma de disposición de inversiones en su territorio.

El artículo 5 de la Decisión núm. 2/2001 del Consejo Conjunto UE-México de 27 de febrero de 2001, establece al respecto:

> 1. Sujeto a las excepciones que puedan derivar de la armonización de la normatividad con base en acuerdos concluidos por una Parte con un tercer país, [...] el trato otorgado a los proveedores de servicios de la otra Parte no será menos favorable que aquél otorgado como a los proveedores de servicios similares de cualquier tercer país.

Así, la cláusula de la NMF se asocia al principio de Trato Nacional. Esta asociación tiene como objetivo conseguir para los inversionistas y su inversión el Trato Más Favorable (nacional o de NMF) con la finalidad de beneficiarse con las medidas de incitación a la IED. El punto importante es conocer si las desviaciones al principio pueden ser autorizadas y existe una base legal y económica, y que no responda a razones de protección a una industria específica y, en caso de ser realizadas, conocer bajo qué circunstancias y cuáles condiciones.

9.3. Las excepciones a la inversión extranjera en México

Ante el panorama descrito, los gobiernos son libres de decidir los sectores que se abren al mercado y el Trato Nacional a las inversiones extranjeras y los sectores que aún mantiene cerrados a dicha posibilidad de inversión. Estos se pueden clasificar en excepciones generales, por materia y las excepciones aplicadas por cada país por sector. En relación con las excepciones generales, no se aplica únicamente al Trato Nacional o a la NMF, sino que se contemplan las excepciones en un acuerdo o tratado internacional. Las excepciones más comunes de este tipo permiten a las partes vinculadas a un tratado internacional prohibir las inversiones por motivos de salud pública, de orden público, moralidad pública, de seguridad nacional y de protección del medio ambiente.

A las excepciones por materia se les excluye por regla general de la obligación de aplicar el principio de Trato Nacional o en su caso el de la Nación más Favorecida a todo lo concerniente al área fiscal. Ciertos tratados internacionales excluyen la propiedad intelectual o el área de la contratación pública del campo de aplicación, ya que se toman en consideración las obligaciones de legislación nacional existentes en dichas materias. Así, los tratados internacionales que instituyen organizaciones de integración regional excluyen de la aplicación el principio de la NMF hacia los Estado parte, por ejemplo: la Unión Europea y el Mercosur.

Podemos detectar que hay excepciones por país y por sector, por lo que algunos acuerdos de inversión contemplan un anexo de los sectores en los cuales una de las partes se reserva el derecho de negar un Trato Nacional o NMF. Ejemplo de esto son el T-MEC, Códigos de liberación de la OCDE, entre otros. En cuanto al Trato Nacional, además, se deben especificar las condiciones y limitaciones de aplicación.

Por una parte, y en relación con las IED, de acuerdo con el Índice de IED en 2020 de la OCDE, México se encontraba dentro de los países con mayores restricciones administrativas, por encima del promedio de países de la OCDE, siendo el penúltimo lugar en la lista[136]. Además, las normas regulatorias internas para la IED en México también son restrictivas en Brasil, Turquía, Argentina y Sudáfrica, países que están considerados como economías similares a la mexicana.

En México se autoriza la adquisición de una participación mayoritaria extranjera en el capital de una sociedad mexicana con excepción de ciertos sectores de actividad estratégicos en los que el porcentaje de inversión extranjera está legalmente regulado y limitado, esto se encuentra previsto en el artículo 7 de Ley de Inversión Extranjera:

- Hasta 10 por ciento en asociaciones cooperativas de producción.
- Hasta 25 por ciento en transporte aéreo local.

---

136 OCDE. (2022). *FDI restrictiveness (indicator)*. Consultado el 28/03/2022. En: https://doi.org/10.1787/c176b7fa-en.

- Hasta 49 por ciento en empresas de seguros y fianzas, casas de cambio, empresas de leasing, empresas de factoraje, fondos de inversión (que no sean sociedades de capital privado), sociedades de fabricación y venta de explosivos y armas de fuego, periódicos, televisión por cable y servicios básicos de telefonía, y administración portuaria.

Bajo la misma lógica, se requiere autorización especial de la Comisión Nacional de Inversiones Extranjeras cuando la inversión extranjera supera el 49 por ciento en los siguientes sectores: empresas navieras, terminales aéreas y servicios de telefonía celular. Y en ninguna circunstancia pueden participar los extranjeros en las siguientes actividades:

- Exploración y extracción de petróleo y otros hidrocarburos (sin embargo, los inversionistas privados pueden participar bajo un programa lanzado en 2015).
- Planificación y control del sistema eléctrico nacional y prestación del servicio público de transmisión y distribución de energía eléctrica.
- Generación de energía nuclear.
- Minerales radiactivos.
- Telegrafía y correos.
- Emisión de moneda.
- Control, supervisión y vigilancia de puertos, aeropuertos y helipuertos.

En relación con el uso de terrenos y bienes inmuebles, cabe mencionar que sólo los mexicanos (por nacimiento o por naturalización) y las sociedades mexicanas pueden adquirir la propiedad de la tierra, el agua y sus características asociadas y obtener concesiones para la minería o fuentes de agua y vías navegables. El Estado podrá otorgar los mismos derechos a las personas extranjeras, siempre que convengan con la Secretaría de Relaciones Exteriores en considerarse nacionales mexicanos respecto de tales bienes y se comprometan a no invocar la protección de su gobierno respecto de estos (denominada cláusula calvo). De lo contrario, los terrenos adquiridos en caso de incumplimiento son confiscados y transferidos al Estado mexicano.

En ningún caso los extranjeros podrán adquirir la propiedad directa de tierras y aguas dentro de los 100 kilómetros de las fronteras internacionales de México y dentro de los 50 kilómetros de sus costas. Sin embargo, los inversionistas extranjeros tienen derecho a una indemnización si son víctimas de expropiaciones por motivos públicos. Las expropiaciones se llevan a cabo de acuerdo con las leyes internacionales y requieren una compensación rápida, a precio de valor comercial.

9.4. La notificación de la IED en México

Podemos detectar que en nuestro país existe un trato muy diferente a las inversiones nacionales y a las inversiones extranjeras, un ejemplo de lo anterior es el Registro Nacional de Inversiones Extranjeras (RNIE), que es un área del Gobierno Federal ante la que se inscriben las inversiones extranjeras que llegan a México. Se encuentra regulado por la Ley de Inversión Extranjera y su reglamento, que establece la obligación de inscripción ante el organismo mencionado para las personas físicas o morales de origen extranjero; también tienen dicha obligación las sociedades mexicanas que incorporen inversión extranjera o se establezcan contratos de fideicomisos de partes sociales o de acciones o de bienes inmuebles, que tengan como consecuencia originar derechos en favor de la inversión extranjera, que sin duda alguna contraviene la disposición de los tratados internacionales del Trato Nacional, ya que una inversión no mexicana está eximida de notificarse.

El Reglamento de la Ley de Inversión Extranjera y del Registro Nacional de Inversiones Extranjeras indica la vía para llevar a cabo los trámites necesarios para reportar la IED. En teoría, la lógica de esta obligación es contabilizar y proporcionar seguimiento a los flujos de inversión extranjera en México. Sin embargo, en la práctica el RNIE es una verdadera autoridad sancionadora en caso de no presentar registros e información o realizar fuera de tiempo cualquier procedimiento[137]. De acuerdo con el reglamento, se deben rendir cuentas cada trimestre de los movimientos financieros de empresas con capital extranjero y un informe anual. También, se obliga a cualquier extranjero con una actividad económica en el país a realizar su inscripción al RNIE, lo que coloca a una inversión extranjera con un trato diferente frente a una nacional. Dicha obligación ya no tiene razón de existir frente a las obligaciones adquiridas por México en los diferentes tratados internacionales, máxime si hay sanciones y multas por parte de la administración pública federal, ya que dichas obligaciones y sanciones no se aplican a la inversión local.

CONCLUSIONES DEL TEMA

Sin duda alguna, la IED ha demostrado ser una herramienta esencial en la unificación económica internacional de los países del orbe, ya que derivado de ésta se han creado lazos duraderos y estables entre las diferentes economías e, igualmente, proporciona el intercambio de procesos de producción, tecnología y saberes en las diferentes industrias. Pero en México aún queda mucho por hacer para hablar de una verdadera aplicación de no discriminación de inversiones extrajeras. Entre los obstáculos que se deben erradicar es la excesiva burocracia de la adminis-

---

137 De acuerdo con el artículo 38, Fracción IV de la Ley de Inversión Extranjera, se establece: "en caso de omisión, cumplimiento extemporáneo, presentación de información incompleta o incorrecta de las obligaciones de inscripción, reporte o aviso al RNIE por parte de los sujetos obligados, se impondrá multa de treinta a cien salarios mínimos".

tración pública a nivel federal, en los estados y sus municipios, desde la solicitud de visa para inversionistas y su estancia legal en el país (en caso de que decida radicar en México), pasando por la creación de sociedad, su registro ante los diversos organismos gubernamentales (RFC y RNIE), la burocracia municipal para abrir un local o fábrica, puesto que la mayoría de sus reglas no están armonizadas con los tratados internacionales y que aún ven en el inversionista extranjero un "botín de asalto" y la eliminación de la obligación del RNIE o excepciones de registro para el capital que proviene de los tratados internacionales que establecen el Trato Nacional como principio. En el México actual, con la integración mundial que se tiene, los obstáculos aún existentes en la inversión extranjera directa deben desaparecer con la finalidad de proporcionar cumplimiento a las obligaciones internacionales y ser coherentes con dichos compromisos.

10. La contratación de extranjeros por empresas mexicanas

En México, la apertura de las fronteras ha favorecido las relaciones comerciales con las que cuentan actualmente las empresas nacionales. Sin embargo, la contratación de personas extranjeras por sociedades comerciales mexicanas ha sido olvidada como parte de la apertura mundial y la lógica de movilidad de personas establecida por los tratados internacionales, en especial el TIPAT y la AP, convirtiéndose en un proceso burocrático, largo y complicado, que puede ser una barrera para el crecimiento de una empresa que requiera personal extranjero especializado por el tipo de las actividades económicas que realiza.

En el momento en que un empresario mexicano toma la decisión de contratar un extranjero y hasta el inicio de las actividades del extranjero en la empresa, puede pasar aproximadamente un año. Esto es claramente violatorio del artículo 8 constitucional que establece que: "a toda petición deberá recaer un acuerdo escrito de la autoridad a quien se haya dirigido, la cual tiene obligación de hacerlo conocer en breve término al peticionario" y contratar un extranjero no es fácil, ni tampoco en un procedimiento abreviado.

El grado de complicación para un extranjero es mayor, por la legislación tan estricta que se tiene respecto a una contratación para actividades remuneradas en el país. A lo anterior se agrega que, por lo general, el futuro trabajador no está habituado a los usos y costumbres de la administración pública mexicana y en muchas ocasiones no habla el idioma español. Los empleados extranjeros son los olvidados en el proceso globalizador que ha tenido el país y en las grandes reformas de eficiencia administrativas. Esto genera barreras para facilitar los negocios en México, a pesar de la presión internacional por mejorar este aspecto[138], pues el procedimiento es oscuro y en ocasiones arbitrario por parte de la autoridad migratoria y, una empresa mexicana (con o sin capital extranjero) o personas físicas con actividad empresarial mexicanas o residentes extranjeras, debe invertir tiempo y dinero antes de ver un extranjero en la nómina, ya que se deben cumplir una serie de formalidades, requisitos y tiempos definidos en la ley mexicana.

10.1. Obtención de constancia de inscripción de empleador

Si una palabra puede definir este procedimiento adecuadamente es la desinformación para las empresas o personas que desean contratar trabajadores extranjeros. La institución que se encarga de recibir el trámite es la Secretaría de Gobernación mediante el Instituto Nacional de Migración (INM)[139]. La sorpresa que encuentra el usuario al buscar información en dicha institución es que es muy complicado obtenerla, por lo general es necesario asistir en persona. La autoridad informa que el trámite debe ser iniciado por la empresa mexicana o persona física que va a contratar y no por la persona extranjera directamente interesada, tal y como sucedía antes de 2012. Por lo tanto, la empresa mexicana lleva una gran responsabilidad y empuje en el proceso de contratación del extranjero.

Al respecto, la ley en la materia obliga primero a la empresa o persona física que va a contratar personal extranjero o que va a emitir una oferta de empleo a un interesado en el extranjero, de solicitar ante el INM la obtención de un documento denominado "constancia de inscripción del empleador". Hasta este punto la

---

138 Al respecto ver el estudio *Doing Business* en México 2016. Banco Mundial. Estados Unidos. Consultado el 22/02/2018. Disponible en: http://espanol.doingbusiness.org/reports/subnational-reports/mexico

139 Para más información consultar la página del Instituto Nacional de Migración: http://www.inm.gob.mx/.

ley es clara con los requisitos. El problema inicia al presentarse en ventanilla, ya que la autoridad solicita en ocasiones documentos no especificados en la ley y, una vez que logramos pasar el primer filtro de documentos, rara vez avisan al interesado que existirá una visita a la empresa por parte de la autoridad migratoria. Esto se puede convertir en un problema, ya que en México existen muchas sociedades que, por cuestiones contables, cuentan con un domicilio fiscal diferente al lugar donde se encuentra el personal laborando, además, en las leyes migratorias no se establece de manera clara la visita de la autoridad a los locales de la empresa generando plazos interminables. En ese sentido, se contraviene el artículo 64 de los Lineamientos para Trámites y Procedimientos Migratorios, el cual establece que el trámite de obtención de constancia se debe resolver en 10 días hábiles, como plazo máximo. Actualmente la autoridad otorga la constancia en un plazo de 30 a 90 días naturales, muy por encima del mandato legal. Evidentemente, un trámite excesivo en tiempo sin justificación alguna y que muchas veces va en contra de los intereses del empresario que solicita la contratación de personal extranjero.

Por otra parte, la ley fiscal obliga a una empresa o persona física con actividad empresarial mexicana a tener un registro con la autoridad fiscal, documento denominado RFC. En ese sentido, es obligatoria la siguiente pregunta: ¿la autoridad migratoria no podría coordinarse directamente con el SAT para verificar la existencia de una empresa, sus empleados (hay constancias de situación fiscal) y su misma fiscalidad, con el objetivo de reducir costos innecesarios y procedimientos repetitivos? Sin embargo, el proceso en este punto apenas inicia.

10.2. La contratación del extranjero

Una vez obtenida la constancia de inscripción de empleador, la empresa solicitante debe realizar un nuevo trámite ante la autoridad migratoria para obtener una visa de trabajo para el futuro trabajador, pero aún se constata que sigue existiendo una gran desinformación, arbitrariedad y burocracia para el procedimiento. El trámite se divide en las partes siguientes:

10.2.1. Solicitud de visa por oferta de empleo

La empresa realiza una solicitud ante el INM de una "visa de oferta de empleo". De acuerdo con el trámite 10 del artículo decimoctavo de los lineamientos Generales para la expedición de visas que emiten las Secretarías de Gobernación y de Relaciones Exteriores, se obliga a la autoridad a otorgar una resolución en un plazo máximo de 20 días hábiles para autorizar la documentación presentada de la persona extranjera por parte de la sociedad o persona física mexicana. Sin embargo, en la práctica se constata que el plazo puede ir hasta los 30 o 40 días hábiles, esto es, de dos a tres meses en tiempo de respuesta. Cabe decir que al interesado en la contratación se le solicita una carta, donde se le obliga a manifestar hacerse responsable del pago de los gastos de viaje del extranjero. Esto no tiene sentido, ya que, a una empresa o persona física con actividad empresarial, debido a las características del derecho privado, no se le pueden obligar a hacerse responsables de los gastos de viaje de una persona extranjera.

En este punto el trámite se vuelve pesado y la empresa contratante en el país se plantea la conveniencia de contratar a un extranjero. Los que deciden continuar, deben obtener un dictamen de permiso de internación favorable de la autoridad migratoria, y debe comunicárselo a su futuro trabajador, que aún se debe encontrar en el extranjero, para que pueda iniciar el trámite correspondiente en su país en un consulado mexicano. En caso de que el extranjero se encuentre en México en calidad de turista, también estará obligado a salir del país para terminar con su proceso migratorio en un consulado mexicano, pues el trabajador debe permanecer en el extranjero para realizar el proceso de solicitud de visa, de lo contrario la autoridad migratoria puede negar su autorización para la contratación.

10.2.2. La entrevista consular

Es en este punto que se realiza la intervención directa en el trámite por parte del trabajador extranjero interesado. Para este momento ya se ha invertido un tiempo estimado de tres a cuatro meses ante el INM. Una vez autorizada su documentación en México, el extranjero debe acudir a una entrevista consular en el país de su residencia o cualquier consulado mexicano en el extranjero, de manera personal. En este momento interviene otra oficina de gobierno, como la Secretaría de Relaciones Exteriores, y el extranjero únicamente cuenta con 30 días hábiles para programar una cita en el consulado de su preferencia. Una vez programada cuenta con 12 días hábiles para que la persona extranjera se presente a la entrevista. En caso de no hacerlo, se desechará su trámite. En cambio, cuando es la autoridad la que tarda sólo queda esperar.

En caso de ser procedente la entrevista y continuar con la solicitud de visa por parte del consulado, se realiza el cobro de derechos establecido por la ley mexicana, y se expedirá la visa respectiva a la persona extranjera interesada en trabajar en México para que pueda ingresar al país e integrarse, por fin, en la plantilla productiva de una empresa. La visa correspondiente para el extranjero otorga el derecho para la residencia temporal por un año. Se debe tener mucho cuidado por parte de la empresa o persona que contrata, proporcionar una visa por oferta de empleo se sujeta a la observancia de las cuotas de integración de extranjeros a sociedades mexicanas que, en su caso, determine la Secretaría de Gobernación, previa proposición de la Secretaría de Trabajo y Previsión Social y que deberá verificar a la empresa contratante para que no se le niegue la visa por no existir cuotas disponibles dentro del sector en el cual va a laborar la persona extrajera (lo cual es un absurdo y contraviene disposiciones de tratados internacionales).

10.2.3. La tarjeta migratoria y otros requisitos

Una vez que el trabajador extranjero se encuentre en el país con su visa, se tiene que solicitar de nuevo al INM, antes de 30 días naturales a partir de la internación del extranjero, el canje del documento migratorio proporcionado en el punto de llegada al país (por lo general se proporciona en el aeropuerto), por la tarjeta migratoria que acredite su estancia de residente permanente (denominada tarjeta de residencia), que puede tomar unas horas y desde luego, con su debido pago de derechos, esto le permitirá desempeñar su trabajo en la empresa y tener una estancia legal en México. También, junto con la sociedad o persona solicitante, deberá realizar los trámites administrativos respectivos al llegar al país, con el dolor de cabeza que ello implica, entre ellos, hay que tomar en consideración el trámite del Registro Federal de Contribuyentes y su respectiva firma electrónica, aperturas de cuentas de bancos, alquiler de propiedades, la firma de un contrato de trabajo de acuerdo con la ley mexicana, entre otros.

A partir de este momento se crean obligaciones para la sociedad o persona física con actividad empresarial que contrata al trabajador, entre ellas se encuentra la de actualizar su constancia de empleador cuando exista un cambio de domicilio o de representante legal de la empresa, inclusive si existe cesación de actividades. Pero también se debe notificar a la autoridad migratoria todas aquellas cuestiones que alteren la situación migratoria del extranjero, como su baja de la empresa o la renuncia del trabajador. Además, se deber pedir el pasaporte y el visado, y asegurar la identidad del extranjero, fotocopiar los documentos originales y conservarlos al menos cinco años.

CONCLUSIONES DEL TEMA

Ante este panorama, la contratación de extranjeros no es motivante para el empleador mexicano. Además, no existe razón que fundamente un procedimiento tan largo y discriminatorio para la contratación de un extranjero. Aunque desde la óptica mexicana se habla de una responsabilidad de la empresa contratante por tener personas extranjeras a su cargo, resulta muy cansado para el empleador mexicano tener que realizar idas y vueltas a las oficinas del INM, ya que en varios puntos del procedimiento la autoridad queda en "silencio" cuando existe la falta de algún dato, un documento o incongruencias en los mismos u "olvidan" notificar. Además, no se atienden expedientes por teléfono y cuando se está en ventanilla cada funcionario tiene una visión propia de los documentos que se deben entregar y cómo hacer las cosas, sin unificar criterios. Así que, en caso de ser un empleador de personal extranjero, se tiene que realizar con mucho tiempo de anticipación, pedir al posible trabajador que sea paciente y no renunciar a su trabajo en su país hasta que se realice la entrevista consular. En caso de que esta sea favorable, iniciar los preparativos del viaje del extranjero a México.

Conclusiones generales

El comercio y la apertura internacional de México, a pesar de las adversidades y los nuevos desafíos que enfrenta el mundo, sigue creciendo por la situación geográfica, los cambios geopolíticos y la diversidad de instrumentos internacionales en materia económica. Desgraciadamente aún existen prácticas que ponen en riesgo las transacciones internacionales de las sociedades mercantiles, debido a la falta de información técnica o por descuidos de los operadores internacionales. En la presente obra se han analizado los puntos clave que la experiencia y la práctica profesional en las operaciones internacionales han proporcionado al autor de ésta. Se destaca que iniciar una buena negociación mediante la redacción de un contrato internacional es la base para operar de buena forma una transacción y debe acompañarse con el buen uso y aplicación de los Incoterms, tratando de evitar confusiones entre las obligaciones de entrega entre el vendedor y el comprador, así como la contratación de seguros para evitar cualquier contingencia con los bienes o la mercancía.

Acerca de las formas y medios de pago, deben ser un elemento esencial en la transacción internacional, una decisión adecuada y clara evitará retrasos o incluso un impago por la parte compradora. Si tras haber blindado de la mejor manera la operación internacional no logramos prevenir los problemas, el uso del arbitraje se impone para una resolución rápida, dirigida por un experto en la materia. Es importante tener en cuenta el tema de registro de marca cuando se operen mercancías o productos sujetos a derechos marcarios, y en ese sentido se recomienda realizar el registro internacional siguiendo los mecanismos propuestos por los tratados internacionales o el procedimiento de registro de cada país.

Por otra parte, se han analizado tres rubros de potencialización en la internacionalización de las sociedades mercantiles, el primero se aplica mediante el conocimiento y uso apropiado de tratados internacionales (por lo menos los más representativos en importancia para México), que contribuyen a la diversificación de mercados, ante las incertidumbres que pueda generar la aplicación de los tratados comerciales; la inversión y la contratación de extranjeros son los otros dos rubros que fomentan el desarrollo económico y el intercambio de nuevas prácticas y experiencias en el medio empresarial, así como intercambio de saberes. Todo lo anterior ha tenido como objetivo conocer y aplicar de manera eficiente un blindaje jurídico y un desarrollo económico para la sociedad mercantil mexicana en un contexto de incertidumbre de las relaciones económicas internacionales existentes en el mundo.

Bibliografía

Acosta Roca, F. (1999) *Incoterms: términos de compra-venta internacional.* México: ISEF

Adame Goddard, G. (1994). *El contrato de compraventa internacional.* México: UNAM-McGraw-Hill

Cruz Barney, O. y Reyes Díaz, C. (2018). *El T-MEC/USMCA: solución de controversias, remedios comerciales e inversiones. Serie opiniones técnicas sobre temas de relevancia nacional.* Instituto de Investigaciones Jurídicas-UNAM

Barrera Graf, J. (1983). "La Convención de Viena sobre los Contratos de Compraventa Internacional de Mercaderías y el Derecho Mexicano. Estudio Comparativo". *Anuario Jurídico X.* México: Instituto de Investigaciones Jurídicas de la UNAM

Baudrit Carrillo, D. (2000). *Derecho Civil. Teoría General del Contrato.* IV(I). Costa Rica: Juricentro

Bessone, A. (2008). "Contrats internationaux". *Guide pratique pour négocier et rédiger un accord, pour prévenir et résoudre les litiges.* Francia: Éditorial Pearson

Blanco, D. (2002). *Négocier et rédiger un contrat international.* Editorial Dunod

Brinson, D. (2001). *Analyzing e-commerce & Internet law. Web site terms and click wraps.* (19). Estados Unidos: Prentice Hall

Broches, A. (1995). *Part III–International Centre for Settlement of Investment Disputes (ICSID), Selected Essays: World Bank, ICSID, and Other Subjects of Private and Public International Law.* Martinus Nijhoff Publishers

Burghard, P. (1998). *Compraventa Internacional Convención de Viena sobre Compraventa Internacional de Mercaderías de 1980.* Argentina: Editorial Astrea

Cárdenas, E. J. (1975). "Métodos de solución de controversias comerciales internacionales". Revista *Derecho de la Integración.* Instituto para la integración de América Latina. Banco Interamericano de desarrollo

Calvo Caravaca, A., Blanco-Morales Limones, P., y Fernández de la Gándara, L. (1997) *Contratos internacionales.* España: Tecnos

Ceballos Perez, S. (2021). "La transición del TLCAN hacia el T-MEC y su impacto sobre el medioambiente en México". *Del TLCAN al T-MEC: 25 Años de Dependencia Comercial de México.* México: Laboratorio de Análisis Económico y Social. pp. 317-328.

Figueroa, L. M. (2007). *Contratos Civiles.* México: Porrúa

Gaillard, E. (2016). *Cuestiones claves del arbitraje internacional.* Universidad del Rosario

Godoy, J. M. R. (2014). "El Arbitraje Internacional en el marco de la Cámara de Comercio Internacional: Panorama actual y principales tópicos". *Universitas: Relações Internacionais.* 12 (2). Julio. pp. 51-61.

Gonzáles Aguilar, A. (2004). *Los contratos en la sociedad de la información: formularios de contratos informáticos e Internet.* España: Editorial Comares

Grall, J. Ch., y Laur-Pouëdras, E. (2009). "La marque internationale: un titre plus que centenaire". *Revue des Marques.* 68. Octubre

Guía para el Registro Internacional de marcas según el Arreglo de Madrid y el Protocolo de Madrid. (2009). Suiza: Organización Mundial de la Propiedad Intelectual

Hargain Esplugues Mota, C. (2005). *Derecho del comercio internacional.* Reus

Hernández Cervantes, A. (2020) *T-MEC, reforma laboral e igualdad de género. apuesta por el adelanto de las trabajadoras.* México: Fundación Friedrich Ebert en México

Lazcano Seres, G. (2008). "El Contrato de Compraventa en el Contexto de los Negocios Internacionales". *Temas Selectos de Comercio Internacional.* México: Facultad de Derecho, UNAM, Porrúa

León Manríquez, J. L., y Ramírez Bonilla, J. J. (2014). *La Alianza del Pacífico: alcances, competitividad e implicaciones para América Latina.* México: FLACSO, Friedrich-Ebert-Stiftung

Linares Zarco, J. (2020). "La industria automotriz en México y el T-MEC: retos y perspectivas". En *Factores Críticos y Estratégicos en La Interacción Territorial Desafíos Actuales y Escenarios Futuros.* México: UNAM, Asociación Mexicana de Ciencias para el Desarrollo Regional A. C.

Llamazares García-Lomas, O. (2010). *Guía Práctica de los Incoterms 2010. Los incoterms uno a uno.* 4. Global Marketing Strategies

Llaneza González, P. (2004). *E-contratos: modelos de contratos, cláusulas y condiciones generales comentadas.* España: Bosch

Malel, E. (1997). *El arbitraje civil y comercial.* Asociación de Escribanos del Uruguay

Medina de Lemus, M. (1998). *Contratos de Comercio Exterior.* Lupicinio Eversheds

Mendoza Cota, J. E. (2020). "El comercio de manufacturas entre México y Estados Unidos y el cambio del TLCAN al T-MEC". En *La reestructuración de Norteamérica a través del Libre Comercio: del TLCAN al T-MEC.* El Colegio de México, El Colegio de la Frontera Norte

Menéndez Mato, J. C. (2005). *El contrato vía Internet*. España: J. M. Bosch

Nguyen-The, M. (2011). *Importer: Inclus les Incoterms 2010. Des conseils, des exemples, des avis d'experts, des témoignages pour vous guider.* Francia: Eyrolles

Olivencia Ruiz, M. (2005). *Arbitraje Mercantil. Ensayo sobre una justicia alternativa*. España: Fundación El Monte

Palmés Combalia, R. 2015. *Cómo usar bien los Incoterms*. España: ICG Marge

Peláez Sanz, F. J., Miquel Griñó, T., Ginés Castellet, N., y Stampa, G. (2009). *El arbitraje internacional: cuestiones de actualidad*. España: Bosch

Remolina Angarita, N. (2006). «Aspectos legales del comercio electrónico, la contratación y la empresa electrónica». *Revista De Derecho Comunicaciones Y Nuevas Tecnologías*. 2. pp. 323-370

Requejo Isidro, M. (2003). «Contratación Electrónica Internacional: Delimitación y Coordinación de los Instrumentos sobre la Ley Aplicable». *Boletim Da Faculdade De Direito Da Universidade De Coimbra*. p. 581

Sánchez Lorenzo, S. y Arenas García, Rafael. (2012). *Cláusulas en los contratos internacionales, redacción y análisis*. España: Atelier

Shippey, K. (2003). *Guía práctica de Contratos Internacionales*. México: Grupo Patria Cultural

Treviño García, R. (1995). *Los contratos civiles y sus generalidades*. México: McGraw-Hill

Veytia, H. (1998). *Contratación Internacional, Comentarios a los Principios sobre los Contratos Comerciales Internacionales del UNIDROIT*. México: UNAM, Universidad Panamericana

Villalobos, T. y Lourdes, R. (2006). *Fundamentos de comercio internacional*. Editorial Miguel Ángel Porrúa